Klaus D. Biedermann

# BURN-IN statt BURN-OUT

Klaus D. Biedermann

# BURN-IN statt BURN-OUT

Wie Sie in Balance bleiben

EchnAton Verlag

Wichtiger Hinweis

Die im Buch veröffentlichten Empfehlungen wurden vom Verfasser und vom Verlag sorgfältig erarbeitet und geprüft. Eine Garantie kann dennoch nicht übernommen werden. Ebenso ist die Haftung des Verfassers bzw. des Verlages und seiner Beauftragten für Personen-, Sach- und Vermögensschäden ausgeschlossen.

Bei möglichen unterschiedlichen Schreibweisen wurde die von der Duden-Redaktion empfohlene Schreibvariante verwendet.



2. Auflage März 2019

Gesamtherstellung: Diana Schulz
Coverfoto: ©Fotolia, Nadine Dilly
Lektorat: Angelika Funk
Druck und Bindung: CPI books GmbH, Leck
ISBN: 978-3-937883-79-3

www.echnaton-verlag.de

Dieses Buch ist den Teilnehmern der Burn-In-Seminare auf Korfu gewidmet.

—

Meinen Lehrern, auch denen, die noch kommen.

*Ohne Liebe ist jedes Opfer Last,*
*jede Musik nur Geräusch,*
*und jeder Tanz macht Mühe.*
Dschelal ed-Del Rumi

Elleni, Xristos, Kostas und Yiannis Mouzakitis, den großartigen Gastgebern im Gravia, die uns vor Augen führen, was Dankbarkeit bedeutet, und denen keiner unserer Wünsche zu viel ist.

Ein Indianerhäuptling erzählt seinem Sohn
folgende Geschichte:

»Mein Sohn, in jedem von uns tobt ein Kampf
zwischen zwei Wölfen.

Der eine Wolf ist böse.
Er kämpft mit Ärger, Neid, Eifersucht, Sorgen, Gier, Arroganz,
Selbstmitleid, Lügen, Überheblichkeit, Egoismus
und Missgunst.

Der andere Wolf ist gut.
Er kämpft mit Liebe, Freude, Frieden, Hoffnung, Gelassenheit,
Güte, Mitgefühl, Großzügigkeit, Dankbarkeit, Wahrheit
und Vertrauen.«

Der Sohn fragt: »Und welcher der beiden Wölfe gewinnt?«
Der Häuptling antwortet ihm: »Der, den du fütterst.«

# Inhalt

Jürg Willi konstruierte den Satz: »Wenn mann/frau mit seiner/ihrer Partner/in zusammenleben will, so wird er/sie zu ihr/ihm in ihre/seine Wohnung ziehen.« Aus Gründen der besseren Lesbarkeit wird auf die gleichzeitige Verwendung weiblicher und männlicher Sprachformen verzichtet. Sämtliche Personenbezeichnungen gelten gleichermaßen für beiderlei Geschlecht. Dafür bitte ich Leserinnen um ihr Verständnis.

# Vorwort

Sehr wahrscheinlich halten Sie dieses Buch im richtigen Moment in Ihren Händen. Ich werde Ihnen unterschiedliche Wege zeigen, die alle auf ein und dasselbe Ziel ausgerichtet sind: *Ein Leben in Balance*. Da Menschen sehr verschieden sind, kann es ja nicht nur einen Weg geben. Sie dürfen selbst herausfinden, ob die Methoden, die ich hier beschreibe, auch Sie zum gewünschten Erfolg führen. Aus diesem Grund möchte ich eine Bitte an Sie richten: *Glauben Sie mir nichts und machen Sie Ihre eigenen Erfahrungen!*

Es nützt Ihnen nicht viel, irgendetwas auf Treu und Glauben anzuerkennen. Geglaubt haben Sie in Ihrem Leben genug. Als Sie noch ein Kind waren, mussten Sie mit ganzem Herzen darauf vertrauen, dass das stimmt, was man Ihnen sagte. Ihr Leben hing vielleicht manchmal davon ab. Das gilt heute nicht mehr. In dem Wort *Erwachsen* steckt auch der Begriff *Erwachen* – und dazu möchte ich Sie ermutigen. *Aufwachen* und *Erwachen* sind nicht dasselbe. Aufwachen tun wir ja in der Regel an jedem neuen Morgen – und dafür genügt ein Wecker. *Erwachen* hingegen hat etwas mit erweitertem Bewusstsein und dem S*ichöffnen* für neue Ideen zu tun.

Es ist mitunter schwierig, sich von alten, inzwischen vielleicht sogar lieb gewonnenen Glaubenssätzen und den daraus entstandenen Verhaltensmustern zu verabschieden, weil wir es uns mit ihnen so bequem gemacht haben. Soll die Taube auf dem Dach doch rufen, wie sie will, der Spatz in der Hand hat schließlich auch Federn. Dass unsere Glaubenssätze von den meisten Menschen in unserer Umgebung bestätigt werden, weil diese ganz ähnliche haben, macht das Loslassen nicht gerade leichter. Ins Wanken kommen wir nur dann, wenn wir auf völlig andere Glaubenssysteme treffen. Wir sind so stolz auf unseren freien Willen – aber reisen Sie einmal nach Indien und sprechen mit Hindus darüber. Die werden vielleicht zu Ihnen sagen: »Das mit dem freien Willen ist *eure* heilige Kuh.«

Einfach nur älter zu werden, reicht nicht aus, um zu erwachen. Dann wäre ja jeder alte Mensch weise. Es nutzt Ihnen auch nichts, Erfahrungen wie Briefmarken zu sammeln. Kurt Tucholsky meinte: »Erfahrung heißt gar nichts, man kann eine Sache auch 35 Jahre lang schlecht machen.« Solange Sie Ihr Erlebtes nicht auch reflektieren, wird das mit der Weisheit nichts. Möge es Ihnen nicht so ergehen wie dem Richter in Tolstois Roman *Der Tod des Iwan Iljitsch,* der sich auf seinem Sterbebett die Frage stellte: »Wie, sollte denn mein ganzes Leben verkehrt gewesen sein?«

Wir sind stolz darauf, so vieles verstanden zu haben, dabei haben wir nur einen Bruchteil von dieser Welt wirklich begriffen. Wie oft gab es zu den Dingen, die wir meinten durchschaut zu haben, im Laufe unserer Geschichte neue Erkenntnisse! Für sehr lange Zeit hielten die Menschen die Erde für eine Scheibe. Meine Eltern und wahrscheinlich deren ganze Generation waren noch der festen Überzeugung, Milch sei gesund; besonders viel Werbung hatte die Babynahrung für Kälber damals nicht nötig. In der Zukunft wird sicherlich so einiges neu bewertet werden müssen. Wenn wir Menschen wirklich erwachsen wären, würden wir uns den aktuellen Herausforderungen stellen und überprüfen, ob es noch eine Möglichkeit zur Wende gibt. Wir würden nicht so weitermachen wie bisher. Das gilt weltweit, aber auch für jeden Einzelnen von uns, denn nur dort können wir beginnen, etwas zu verändern. Wenn wir erwachen, wird sich das auf die ganze Welt auswirken. Bevor du anfängst, die Welt zu verändern, gehe dreimal durch dein eigenes Haus, sagt ein chinesisches Sprichwort. Daher ist es wichtig, dass Sie sich alle Wege, die zu Ihrer inneren Weisheit führen können, genau betrachten und sich durch eigene Erfahrung vergewissern, ob und wie etwas wirkt.

Sämtliche Verfahren, die ich beschreibe, habe ich selbst ausgeübt, einige praktiziere ich immer noch und viele davon sind Bestandteil der *Burn-In-Seminare* auf Korfu. Ist es nicht wunderbar, dass es eine solche Vielfalt an Wegen gibt? Diese Vielheit ist ein Menschheitserbe und deshalb so wichtig, weil sie unserem tiefen Bedürfnis nach Entwicklung entspricht. Einfach macht es das nicht gerade. Einige Male drohte auch ich mich im Dschungel der Methoden zu verlaufen; dabei hielt ich manchen Sonnenstrahl, der durch das Blätterdach schien, schon für die ersehnte Erleuchtung. Ich behaupte nicht, alles auf meinem Weg gefunden zu haben, aber ich bin ja auch erst 65 Jahre alt und Zuversicht und Neugierde gehören zu meinen Stärken. Ich bin gespannt, was das Leben mir noch alles zeigen möchte. Heißt es nicht, der Weg sei das Ziel?

Vielleicht finden Sie einiges von dem, was Sie hier lesen werden, überzeichnet, zu undifferenziert, zu pauschal oder zu unwissenschaftlich betrachtet. Doch mit Haarspalterei kommen Sie – wenn es um Ihr Leben geht – nicht sehr weit. Sicherlich lässt sich in jeder Suppe ein Haar finden, spätestens dann, wenn man lange genug seinen Kopf darüber geschüttelt hat. Aber dann hat man die Suppe verpasst. Sollten Sie sich manchmal provoziert fühlen, so ist genau das meine Absicht gewesen, denn durch Provokationen kommt man meist auf völlig neue Ideen. Sollte das nicht geschehen sein, dann hoffe ich, dass Sie ein Nachsehen mit mir haben; der Versuch war es mir wert.

Wenn Sie dieses Buch lesen, indem Sie nur die Buchstaben zusammensetzen, die Sie sehen, kann der Inhalt nicht vollständig zu dem Teil von Ihnen durchdringen, der verstehen kann, worum es in Ihrem Leben wirklich geht. Dieser Teil ist, mit Verlaub gesagt, nicht Ihr Verstand. Denken kann sich nämlich nur mit Bekanntem beschäftigen. Es dreht sich im Kreis und kann nie ursprünglich sein. Über das Unbekannte kann man nicht nachdenken, genau das aber gilt es zu erforschen, wenn es um die eigene Wahrheit geht. Wenn Sie verstehen wollen, werden Sie sich selbst verwirren. Wenn Sie aufhören, verstehen zu wollen, zeigt sich Ihnen Ihre eigene Wahrheit im gleichen Augenblick. Es ist sehr wahrscheinlich, dass Ihr Verstand in diesem Augenblick bereits protestiert.

Wahrheit ist kein Glaube, sondern eine tiefe Erfahrung. Die eigene Wahrheit kann man nicht studieren, man muss ihr begegnen und ins Gesicht schauen. Wenn Sie über sie nachdenken, wäre das ungefähr so, als wollten Sie die Alpen erkunden, indem Sie sich bloß die Landkarten anschauen, die andere Menschen darüber angefertigt haben. Wenn Sie nur diesen Karten glauben, werden Sie die Berge verpassen, selbst wenn Sie unmittelbar davorstehen. Sie wären dermaßen voreingenommen, dass Sie der Schönheit der Bergwelt gegenüber blind wären.

# Einleitung

*Leben ist das langsame Ausatmen der Vergangenheit*
*und das tiefe Einatmen der Gegenwart,*
*um genügend Luft für die Zukunft zu haben.*
Quelle unbekannt

Wenn man sich die steigenden Zahlen der stressbedingten Burn-out-Diagnosen anschaut, kann man sich die Frage stellen, ob es dieses Phänomen nicht bereits in früheren Zeiten gegeben hat. Vielleicht trat Burn-out nicht in dem gleichen Ausmaß auf wie in unserem heutigen Wirtschafts- und Kulturkreis. Ich scheue mich fast, in diesem Zusammenhang das Wort Kultur zu benutzen, obwohl es schon wieder sehr treffend ist, wenn man darunter ganz wertneutral ›etwas, das von Menschen geschaffen wurde‹ versteht. Der deutsche Arzt Hans Selye, der als ›Vater der Stressforschung‹ gilt, untersuchte das Phänomen bereits in den 20er Jahren des letzten Jahrhunderts. Beeinflusst war er von dem New Yorker Nervenarzt Dr. Miller-Burt, der schon 1870 die Symptome unter dem Begriff *Neurasthenie* zusammengefasst hatte.

Dr. Selye führte den Begriff *AAS* (Allgemeines Anpassungssyndrom) ein und verwandte erst Mitte der 40er Jahre dafür den Begriff Stress. Populär wurde der Begriff bei uns in den 70er Jahren durch eine Sendung des ZDF. Der Begriff *Burn-out* wurde erstmals von dem New Yorker Psychoanalytiker Herbert Freudenberger eingeführt, der damit die völlige Erschöpfung von Menschen in helfenden Berufen meinte.

Stress kommt sehr individuell daher. Was den einen unter Stress setzt, entlockt dem anderen vielleicht nur ein müdes Lächeln. Erst kürzlich wurde mir dies wieder vor Augen geführt: In einem Café unterhielten sich am Nebentisch zwei ältere Damen. Auf einmal sagte die eine: »Dass mein Bruder mich nicht anruft, stresst mich total«, und beklagte sich eine Viertelstunde über den bewussten Bruder. Da soll einmal jemand behaupten, Stress käme nur von außen. In diesem Fall sicher nicht; hier löste das Fehlen einer Aktion wohl eher einen *Bore-out* aus, der ähnliche Symptome aufweist wie ein Burn-out. Der Stress der Dame war im wahrsten Sinne des Wortes hausgemacht.

Wenn man sich nur mit den Auswirkungen von Stress beschäftigt, kann es wirklich kompliziert werden. Aber es geht mir zunächst einmal nicht um die Auswirkung, sondern um die Erzeugung. Wenn Sie wissen, *wie* Sie Stress herstellen, dann liegt die Lösung auf der Hand. So individuell die Stresserzeugung auch ist – meist finden sich mehr oder weniger die gleichen Rahmenbedingungen. Zunächst hat man eine Idee, dann fragt man sich: Schaffe ich das? Es folgt die Überlegung, welche Schwierigkeiten auftauchen könnten und welche schlimmen Konsequenzen diese wiederum hätten. Somit ist klar: Es wird nicht einfach. Schon das kann Stress machen.

Die Schuld am Burn-out wird meist unseren beschleunigten Arbeitsprozessen und der ständigen Verfügbarkeit gegeben. Als Reaktion darauf führten einige Unternehmen stressreduzierende Gegenmaßnahmen ein, beispielsweise das temporäre Abschalten der Server für geschäftliche E-Mails. Bei Daimler werden E-Mails, die während des Urlaubs ankommen, sogar gelöscht. Doch wird hier nur am

Symptom geschraubt – für Einzelne durchaus hilfreich, um gar nicht erst in einen gefährlichen Strudel zu geraten –, die Lösung für das Phänomen Burn-out ist dies aber nicht. Vielmehr stellt sich die Frage, wie Menschen besser mit diesen Anforderungen umgehen können. Die Grenzen sind bei jedem anders; doch werden diese überschritten, kollabiert der Mensch. Ist es in diesem Zusammenhang nicht bemerkenswert, dass hier oft nur Alkohol oder andere Drogen wie Nikotin und Psychopharmaka zu helfen scheinen? Das sind wahrlich tückische Weggefährten, die sich früher oder später als Mörder entpuppen können. Wo sind wir eigentlich angekommen?

Stress hat nie in erster Linie mit den Umständen zu tun, sondern damit, wie man diese betrachtet und mit ihnen umgeht. Schwierig ist es nicht, Stress zu erschaffen, das können wir alle. Folglich kann es ebenso einfach sein, ihn zu beenden. Wie aber lässt sich einem Stresszustand ein Ende setzen?

Zunächst muss man sich eines wichtigen Umstandes bewusst werden: Niemand anderes als man selbst erzeugt jenen Stress. Dafür verantwortliche Faktoren sind die persönliche Sichtweise der Dinge, die eigenen Ängste wie auch die Art und Weise, mit bestimmten Situationen umzugehen. Ein erster wichtiger Schritt ist, sich selbst als Schöpfer zu erkennen! Ein Opfer kann und wird nichts ändern, es erduldet nur. Seien Sie sich bewusst, dass Sie immer der Schöpfer Ihres Erlebens sind, und tun Sie die Dinge einfach nicht mehr so wie bisher. Dabei ist es zunächst einmal nicht so wichtig, wie Sie es machen, Hauptsache anders!

Ein Experiment, das vor einigen Jahren an einer amerikanischen Universität durchgeführt wurde, belegt das sehr anschaulich. Man baute zwei Labyrinthe, eines für Menschen und ein in der Relation identisches für Ratten. Im ersten Labyrinth versteckte man eine Hundert-Dollar-Note, im zweiten an der gleichen Stelle ein Stück Käse. Als es ums ›Finden‹ ging, hatten die Menschen die Nase vorn. Dann jedoch entfernten die Forscher sowohl Geld als auch Käse. Die Ratten nun kapierten recht schnell, dass der Käse weg war, und wandten sich wieder anderen Dingen zu. Es soll allerdings heute noch Menschen geben, die den Hundert-Dollar-Schein suchen.

Falls Sie jetzt denken, dass Ihnen das alles noch nicht hilft, dass Sie genauere Anweisungen brauchen oder dass es eben nicht so einfach sein kann – dann lesen Sie weiter. Es gibt eine gute Nachricht: Wenn es Burn-out gibt, ist er auch heilbar.

*Gegen jede Krankheit ist ein Kraut gewachsen.*
Paracelsus

# TEIL 1

# Burn-out ist DAS Thema

*Die Wahrheit in sich selbst zu entdecken,*
*gilt mehr als alles auf der Welt.*
Quelle unbekannt

Sind wir ein Volk der Erschöpften? Brennt gerade eine ganze Gesellschaft aus? Kaum etwas beherrscht seit Jahren die Management-Presse und Vorträge für Führungskräfte stärker als das Thema Burn-out. Es gibt spezielle Therapieangebote und längst haben sich Kurkliniken und Rehaeinrichtungen darauf eingestellt. Ich werde die Symptomatik auch im weiteren Verlauf *Burn-out* nennen, weil sich diese Formulierung bei uns eingebürgert hat. Treffend ist der Begriff in jedem Fall: Er meint ja nichts anderes, als dass die Batterie leer ist. Besser als ›Nervenzusammenbruch‹ klingt er allemal.

Als ich mich mit einem ehemaligen Klassenkameraden und Chirurgen über das Buchprojekt unterhielt, meinte dieser scherzhaft, er habe schon viele Menschen operiert, zusammengebrochene Nerven jedoch habe er noch nie gesehen.

Mehr als die Hälfte der Beschäftigten klagt über Termin- und Leistungsdruck, jeder Fünfte der befragten Arbeitnehmer fühlt sich überfordert. »Es war ein schleichender Prozess, der in einem Selbstmordversuch endete, wo ich völlig aufgegeben hatte und das Gefühl hatte, nichts mehr leisten zu können«, so ein Betroffener in einer Sendung bei Phoenix zum Thema Burn-out. Burn-out ist eben keine Infektionskrankheit, die mit plötzlichem hohen Fieber und einem schlimmen Ausschlag beginnt. Es handelt sich vielmehr um eine Störung des ganzen Menschen. Man kann Burn-out eher als eine Art fortschreitenden ›Krebs des Motivations- und Sinnsystems‹ bezeichnen, der sich schleichend entwickelt und oft lange unbemerkt oder fehlinterpretiert und von den Betroffenen oftmals hartnäckig ignoriert wird.

Zur Problematik Burn-out findet man zahlreiche Seminarangebote, die man unter der Rubrik Work-Life-Balance zusammenfassen kann. Wen man auf solchen Veranstaltungen allerdings selten antrifft (und wenn, dann als eher unaufmerksame ›Teilnehmer‹), sind die Gefährdeten selbst. Raten Sie mal, was diese während des Seminars und in jeder Pause machen – sie checken ihre E-Mails und verschicken SMS. Haben sie ihr Smartphone nicht ausgeschaltet, sondern auf ›leise‹ gestellt, dauert es nach dem ersten Vibrieren im Durchschnitt sieben Sekunden, bis nachgeschaut wird.

Burn-out ist in. Umso mehr, nachdem sich auch Prominente wie Tim Mälzer, Maria Carey, Ralf Rangnick, Sven Hannawald und Matthias Platzeck dahingehend ›geoutet‹ hatten. Ein illustrer Kreis, dem man gerne angehören möchte. Sie werden es vielleicht nicht glauben, aber ich habe erlebt, wie sich Betroffene nach ihrer Kur damit brüsteten, ausgebrannt gewesen zu sein. Ottmar Hitzfeld, der seinen Burn-out im Jahre 2004 verschwiegen hatte, mag hier eine Ausnahme sein. In einem Beruf, in dem es kaum erlaubt ist, Schwäche zu zeigen, ist das vielleicht verständlich.

Eine gigantische Burn-out-Industrie ist entstanden. Viele Unternehmen wie der Otto-Versandhandel in Hamburg bieten ihren Mitarbeitern Kurse in Gesundheitsmanagement an – aus gutem Grund. Die deutsche Volkswirtschaft verliert nämlich jährlich ca. 300 Milliarden Euro durch krankheitsbedingte Ausfälle am Arbeitsplatz! Inzwischen ist längst klar, dass die Kosten aufgrund der Überalterung der Gesellschaft und des medizinischen Fortschritts in Zukunft noch weiter ansteigen werden. Berechnungen haben ergeben, dass sich jeder Euro, der in die betriebliche Gesundheitsprävention investiert wird, auf der volkswirtschaftlichen Ebene mit fünf bis 16 Euro auszahlt. Die Zahl der Krankschreibungen mit der Diagnose Burn-out stieg allein in den Jahren 2004 bis 2011 um das 1400-Fache. Gleichzeitig explodierten die Arzneimittelverkäufe innerhalb von drei Jahren auf fünf Milliarden Tagesdosen mehr als zuvor. Sie haben richtig gelesen! Die Kosten wachsen ins Unermessliche, gleichzeitig werden wir immer kränker. Im Jahre 2013 überholten Männer erstmals Frauen in Bezug auf den Arzneimittelkonsum. Herz-Kreislauf-Medikamente, darunter vor allem Blutdrucksenker, machen bei Männern fast die Hälfte aller Verschreibungen aus. Fast 50 Prozent mehr Rezepte als noch vor zehn Jahren wurden ausgestellt – möglicherweise ein Zeichen dafür, unter welch massivem Druck besonders Männer stehen, den sie dann wiederum medikamentös senken müssen.

Hier läuft also ganz offensichtlich einiges schief. Ein paar Wochen Kur, aus der man als derselbe Mensch herauskommt, als der man hineingegangen ist, oder auch erhöhte Medikation führen zu nichts; das sind die falschen Stellschrauben für Veränderungen.

Von diesen *Wundpflastern* gibt es noch weitere. Es werden innerbetriebliche Sportgruppen gegründet, andere Firmen engagieren einen Koch, der demonstriert, wie man sich gesund ernährt – all dies wohl wissend und ohne ein Rechengenie sein zu müssen, dass die Kosten hierfür weitaus geringer sind als die Ausgaben für Langzeiterkrankte oder gar ganz ausgefallene Mitarbeiter, die in aufwendigen und kostspieligen Verfahren ersetzt werden müssen. Als prophylaktische Maßnahme sind diese Angebote sicher sinnvoll, ungeachtet meiner Vermutung, dass Sie bei solchen Kursen nur Mitarbeiter als Teilnehmer finden, die nicht zu der Burn-out gefährdeten Gruppe gehören. Diese leben nämlich ohnehin bewusster. Die tatsächlich Burn-out-Gefährdeten werden wahrscheinlich keine Zeit haben, da gerade ein wichtiges Projekt ansteht, bei dem sie unersetzlich sind. Wer gelernt hat, dass sich sein Wert als Person aus seinen Leistungen speist, und dies verinnerlicht hat, bietet mit diesem Stück seines Weltbildes ein weites Feld für weitere Burn-out begünstigende Faktoren.

Da aufgrund der demografischen Entwicklung gute Arbeitskräfte nicht ohne Weiteres zu bekommen sind, ist es natürlich wichtig geworden, für die vorhandenen Mitarbeiter zu sorgen. Ob bei all diesen Maßnahmen (die zwar gut gemeint sind, aber genau wie Pillen ebenfalls nur die Symptome behandeln oder sie wie ein Wundpflaster zudecken) auch die Frage gestellt wird, ob man in seinem Unternehmen am richtigen Platz ist oder ob man noch einen Sinn in seiner Arbeit sieht, wage ich zu bezweifeln.

Das Ganze erinnert mich an die Geschichte von einem Mann, der nachts unter einer Straßenlaterne etwas suchte. Ein hilfsbereiter Passant erkundigte sich, was er da suche. »Meinen Schlüssel«, bekam er zur Antwort. Wo er den denn verloren habe. »Hinter dem Haus«, erklärte der Mann und auf die Frage, warum er denn dann hier nachschaue, meinte er: »Weil es hier heller ist.«

Wenn ein Mensch seine Kreativität für Themen einsetzen muss, die ihn persönlich nicht wirklich berühren, wird seine innere Persönlichkeit nicht daran beteiligt. Das frustriert auf Dauer. Bekannt ist, dass Menschen, die ihren Beruf als Berufung erleben – denn davon leitet sich das Wort Beruf ab – hohen Anforderungen viel besser standhalten. Der sogenannte *Sinn im Leben* hat eine immens hohe Bedeutung. Wer einen Sinn in seiner Arbeit gefunden hat, braucht keinen Motivationscoach. Motivieren kann man sich ohnehin nur selbst. Motivation, die von außen kommt, ist von kurzer Dauer – da muss man sich viele Male auf einen Stuhl stellen und »tschakka« rufen …

Dass man ohne diesen *Sinn im Leben* nicht gesund bleiben kann, hat die medizinische Forschung längst herausgefunden. Ein japanischer Forscher untersuchte mehr als hundert Fälle von Spontanremission, also Krankheiten, die medizinisch austherapiert waren und dennoch verschwanden. Drei Faktoren vermochte der Forscher als Gründe zu isolieren – einer davon war der *Sinn im Leben*; dazu kamen noch der *innere Glaube an die Gesundung* und *ein unterstützendes Umfeld.* Diese Spontanremissionen waren schulmedizinisch nicht zu erklären – und doch löste sich die Krankheit auf.

Ich habe jetzt das Alter erreicht, in dem die meisten meiner ehemaligen Klassenkameraden in Pension gehen oder bereits gegangen sind. Wer mich fragt, wie lange ich noch arbeiten werde, erhält zur Antwort: Ich arbeite gar nicht. Solange ich reden kann, tue ich, was mir Spaß macht, denn ich empfinde meine Tätigkeiten nicht als Arbeit. Ich beziehe außerdem noch Sinn aus anderen Aktivitäten – Golfspielen, eine Pokerrunde mit Freunden oder regelmäßige Auszeiten auf Gran Canaria oder Korfu. Ich mag es auch, in einem Straßencafé zu sitzen, einfach in die Gegend zu schauen und Menschen zu beobachten. Selbst wenn ich nicht mehr zu reden imstande sein sollte, kann ich hoffentlich immer noch schreiben. Wahrscheinlich werde ich irgendwann weniger Seminare geben. Aber warum in den Ruhestand gehen? Ist das nicht ein schlimmes Wort: RUHESTAND? Ruhe sanft, kann man da nur sagen.

Hand aufs Herz: Arbeiten Sie? Gehen Sie einer Tätigkeit nach, die Sie *Arbeit* nennen? Empfinden Sie das, was Sie tun, als Arbeit, als ein *Muss*? Beantworten Sie sich diese Frage ehrlich! Einer meiner Lehrer meinte einmal etwas provokant, Urlaub sei nur etwas für Leute, die ihre Arbeit nicht mögen. Wann immer Sie sich beim Arbeiten ertappen, halten Sie inne und fragen Sie sich, ob es wirklich das ist, was Sie wollen. Entfernen Sie das *Müssen* aus Ihrem Leben und erlauben Sie sich, für das bezahlt zu werden, was Ihnen Freude macht.

Von diesem Moment an haben Sie nämlich bezahlten Urlaub. Das wird Sie erfüllen und erfolgreich machen, weil Sie das, was Sie gerne tun, selbstverständlich auch gut machen. Und für das, was man gut macht, wird man auch gut bezahlt. Etwas zu tun, was nicht seine Berufung ist, ist schädlich. Wenn Sie gefunden haben, was Sie lieben, brauchen Sie nie mehr zu arbeiten.

Ein ehemaliger Kollege aus der Zeit, in der ich in einer Klinik für Suchtkranke arbeitete, war Therapeut geworden, weil seine Eltern Arzt bzw. Psychotherapeut waren. Seine Liebe galt aber seit seiner Jugend der Arbeit mit Holz. In seiner Freizeit schreinerte er und stellte da schon wunderbare Dinge her. Eines Tages, er war bereits über 30, kündigte er und begann eine Schreinerlehre, die er erfolgreich als Meister abschloss. Heute stellt er edle handgefertigte Möbelstücke her, hat inzwischen sieben Angestellte und verdient das Vielfache seines früheren Gehalts. Ich habe ihn vor ein paar Jahren zufällig wieder getroffen und er machte einen sehr zufriedenen Eindruck.

Sagen Sie sich morgens, wenn Sie sich auf den Weg zur Arbeit machen, dass Sie jetzt Geld verdienen gehen? Dann machen Sie sich für einen Moment bewusst, dass in dem Wort *verdienen*, das Wort *dienen* steckt. Diener kommen in der Regel abends müde nach Hause und wollen nur noch ihre Ruhe haben; die man ihnen auch dann leider nur selten lässt.

Der Amerikaner sagt: *I make money* und der Engländer: *I earn money*. Welch ein enormer Unterschied zu sagen, dass man Geld macht, erntet oder gewinnt, wie es in Frankreich heißt: *Gagner de l'argent*.

Vor allem Männer, die ihren ganzen Sinn ausschließlich in der Arbeit gefunden haben, sterben kurze Zeit nach ihrer Pensionierung oder fallen in einen Zustand, der auch als *Rentenschock* bekannt ist. Bei Frauen, die ihren Lebensinhalt im Aufziehen der Kinder sahen, werden nach deren Auszug ähnliche Symptome beobachtet, die bis zur Depression führen können und als *Empty-Nest-Syndrom* bezeichnet werden. Wenn Sie nach der Berentung oder nach dem Flüggewerden der Kinder Glück haben, finden Sie eine Tätigkeit, aus der Sie Sinn und Freude schöpfen.

Vor Kurzem noch hörte ich einen Mann zu seinen Freunden sagen, er habe seit seiner Pensionierung mehr zu tun als vorher – und er machte bei dieser Bemerkung nicht nur einen durchaus fröhlichen Eindruck, sondern schien sogar stolz darauf zu sein. Ich kam leider nicht mehr dazu, ihn nach den Tätigkeiten seines Arbeitslebens zu fragen.

Jetzt höre ich so manchen Einspruch: *Mir macht meine Arbeit aber Freude, ich finde durchaus den Sinn darin.* Fragen Sie sich doch einmal, ob es wirklich die Arbeit ist, die Ihnen Sinn stiftet, oder eher das, was Sie dafür erhalten, zum Beispiel Geld, die Anerkennung anderer Menschen oder ein gewisser Lebensstandard. Wenn nicht – worin finden Sie Sinn? Robert Frost hat einmal gesagt: »Im Wald zwei Wege boten sich mir dar und ich wählte den, der weniger betreten war. Das veränderte mein Leben.«

Robin Williams forderte als Lehrer in dem Film *Club der toten Dichter* von seinen Schülern: »Gentlemen, ich möchte, dass Sie Ihren eigenen Rhythmus finden, Ihren eigenen Weg ... gehen Sie, wohin Sie wollen und wie Sie wollen. Ob es stolz aussieht oder albern, ist egal.«

Um den Sinn in seinem Leben zu finden, muss man ein gewisses Maß an Reflexionsfähigkeit besitzen. Eine Fähigkeit, die in unseren Bildungseinrichtungen viel zu wenig gefördert wird, wohl weil die Menschen damit viel leichter freie Entscheidungen treffen könnten. Außerdem führt mangelnde Reflexionsfähigkeit dazu, dass die Menschen den Sinn in ihrer Tätigkeit nicht hinterfragen. Sie können weiter produzieren und bleiben an den Symptomen hängen, an denen noch jede Menge Geld verdient wird. Denn mit seinen Schlafstörungen, Kopfschmerzen oder Verdauungsproblemen geht man zum Arzt und verlangt von diesem, dass er einen wieder gesund mache. In seinem tiefsten Inneren weiß man, dass jede Veränderung einen Preis hat, manchmal einen hohen Preis – den man häufig nicht zu zahlen bereit ist.

Den Job einfach kündigen, wo das Haus noch nicht abbezahlt ist? Ein Sabbatjahr nehmen, wenn die Geier auf die Position scharf sind, die man sich mühsam erarbeitet hat?

Noch nicht. Lieber noch etwas weitermachen wie bisher. Man schiebt die Verantwortung für seinen Zustand nach außen, statt die Lösung bei sich selbst zu suchen, dem einzig wahren Experten. Der Arzt verschreibt dann das Schmerzmittel, die Betablocker oder entfernt die Galle, die jetzt doch zu oft übergelaufen ist. Um das Warum kümmern muss man sich erst einmal nicht; schließlich hat man ja auch viel in die Krankenkasse eingezahlt. Es kann aber niemand jemand anderen gesund machen. Was der Arzt allerdings idealerweise machen kann: seinen Patienten dahingehend zu beeinflussen, dass dieser mit dem Verdrängen aufhört, um dann – eventuell auch gemeinsam mit ihm – die Rahmenbedingungen zu schaffen, in denen gesund zu sein einfach interessanter ist, als sich ständig mit Symptomen herumzuschlagen. Auch wenn dies den Interessen einer einflussreichen Pharmaindustrie ganz und gar entgegenliefe.

Im Idealfall ermutigt der Arzt seinen Patienten, sein inneres Kraftpotenzial zu erschließen. Häufig tun das die Mediziner sogar schon – auf der körperlichen Ebene. Stellen Sie sich vor, Sie hätten sich eine Schnittwunde zugezogen. Es kommt ein Verband auf die Wunde, nach ein paar Tagen nehmen Sie den Verband ab und die Wunde ist geheilt. Der Arzt der Zukunft sollte ein Bewusstheitsmediziner und weiser Wegbegleiter sein. Schließlich käme doch auch keiner auf die absurde Idee, an seinem Auto die Öllampe auszubauen, wenn sie leuchtet, oder ein Pflaster darüber zu kleben, damit er sie nicht mehr sieht.

Der erste Schritt zur Heilung ist das Erkennen und Akzeptieren, dass man selbst der Schöpfer ist – und etwas verändern möchte. Das ist das Entscheidende. Hat man dann den richtigen Weg gefunden, so reicht ein kleiner Anschub, um das Ganze ins Rollen zu bringen. Häufig genügen schon kleine Veränderungen, die dann große nach sich ziehen (fragen Sie einmal einen Homöopathen). Um einen Staudamm zum Einsturz zu bringen, bedarf es keiner Sprengladung, die eventuell noch mehr von dem zerstören würde, das erhalten bleiben kann. Es reicht aus, an der richtigen Stelle ein paar kleine Steine zu entfernen. Dazu braucht es allerdings manchmal Mut.

Das englische Wort *courage* für Mut ist sehr aufschlussreich. Es leitet sich von der lateinischen Wurzel *cor* ab, was *Herz* bedeutet. Mutig sein bedeutet also, vom Herzen her zu leben, was wiederum bedeuten kann, ins Unbekannte zu gehen, die Vergangenheit hinter sich zu lassen und für die Zukunft offen zu sein. Aus dem Herzen zu leben heißt, einen Sinn zu entdecken. Etwas gegen die Stimme seines Herzens zu tun ist Selbstverleugnung und verursacht meist Stress.

Betrachtet man die Entwicklung der psychisch bedingten Krankenstandsraten, so entsteht eine Perspektive, die einem Angst machen kann. Laut Weltgesundheitsorganisation (WHO) ist Stress eines der größten Gesundheitsrisiken des 21. Jahrhunderts. Psychische Belastungen sind inzwischen Ursache Nummer eins bei den Frühverrentungen in Deutschland. Das Durchschnittsalter liegt hier bei 48 Jahren. 2011 wurde bei 32,6 Prozent aller Diagnosen eine psychische Erkrankung festgestellt. Die Zahl der Menschen, die deswegen stationär im Krankenhaus aufgenommen wurden, hat sich mehr als verdoppelt. Die Zahl der Fehltage ist um 80 Prozent gestiegen. 2011 belief sich die Zahl der Fehltage in Folge von Arbeitsunfähigkeit auf 59 Millionen. In unserem Nachbarland Österreich sieht es nicht besser aus. Seelische Beschwerden verursachten 2009 dort mehr als 2,4

Millionen Krankenstandstage. Bei einem Burn-out rechnet man im Durchschnitt mit einer Ausfallzeit von ca. 90 Tagen. Verglichen mit den Zahlen von 1995 war bei den Frauen ein Anstieg um 155 Prozent und bei den Männern um 88 Prozent zu verzeichnen. Die Krankenhausaufenthalte stiegen um 96 Prozent. Die Pensionen wegen Erwerbsunfähigkeit stiegen laut Angaben des Hauptverbandes der österreichischen Sozialversicherungsträger seit 1995 um 116 Prozent. Die Europäische Agentur für Sicherheit und Gesundheitsschutz am Arbeitsplatz geht davon aus, dass europaweit rund 60 Prozent aller Fehlzeiten auf beruflichen Stress zurückgehen.

Stress ist die häufigste Ursache für Burn-out, so die WHO. Sie schätzt die Kosten durch stressbedingten Arbeitsausfall auf jährlich 20 Milliarden Euro, allein für Unternehmen in Deutschland. Experten nehmen an, dass etwa 10 - 15 Prozent aller Beschäftigten betroffen sind. 30 Prozent werden nach deren Meinung zukünftig auf jeden Fall erkranken. Die Dunkelziffer liegt inzwischen bereits bei 30 Prozent! Einer weiteren Studie der WHO zufolge soll im Jahre 2020 Burn-out die zweithäufigste Krankheit sein. Weiter heißt es dort, psychische Erkrankungen seien die neuen Seuchen unserer Zeit. Im Jahr 2014 ist die Zahl der psychisch Erkrankten um 12 Prozent gestiegen, die Fehlzeiten wegen Depression seit dem Jahr 2000 um 70 Prozent.

Die Gefahren für Unternehmen, Betroffene und deren Angehörige sind zweifellos gravierend. Es besteht nur eine sehr geringe Wahrscheinlichkeit einer hundertprozentigen Genesung durch eine gesetzlich finanzierte Therapie nach einem Burn-out. Laut einer Studie der Bundes-Psychotherapeuten- Kammer (BPtK) erlangen maximal 80 Prozent der Erkrankten ihre Berufsfähigkeit zurück. Das bedeutet: 20 Prozent kehren nie wieder ins Berufsleben zurück und von den Genesenden erreichen lediglich 70 Prozent ihre volle ursprüngliche Leistungsfähigkeit wieder. Hier liegt die Frage auf der Hand, was denn *Genesung* bedeutet. Vielleicht ist damit auch nur gemeint, jemanden so weit wiederherzustellen, dass er von Neuem in der Tretmühle mitlaufen kann.

Die betrieblichen Belastungen durch Burn-out sind enorm. So müssen Unternehmen Abwesenheiten betroffener Mitarbeiter von sechs Wochen bis zu zwölf Monaten kompensieren. Etwa 60 Prozent aller Betroffenen fallen für mindestens sechs Wochen aus. Jeder Neunte, so schätzen Betriebskrankenkassen, leidet an Burn-out. Aus Befragungen geht hervor, dass 30 bis 35 Prozent aller Lehrer in Deutschland, 40 bis 60 Prozent der Pflegekräfte und mehr als 30 Prozent der Ärzte betroffen sind. Die Burn-out-Patienten werden immer jünger – bereits Schüler gehören zum Patientenkreis. Man kann inzwischen von einer Volksseuche sprechen.

Das Zeugnis der Felix Burda Stiftung fällt nicht gut aus: »*... Allerdings hat erst eine Minderzahl der Arbeitgeber die Vorsorge als Erfolgsfaktor für sich erkannt. Vom Kleinbetrieb bis zum DAX-Konzern fehlt noch häufig das notwendige Know-how zur Umsetzung betrieblicher Gesundheitsvorsorge. Dass die politischen Rahmenbedingungen betriebliche Vorsorge nur unzureichend unterstützen, macht es Gesundheitsmanagern und Krankenkassen schwer, präventive Maßnahmen im angestrebten Umfang umzusetzen ...*«

Weitgehend verschont vom Burn-out bleibt, wenn man den Zahlen glauben darf, ausgerechnet die Gruppe der Beschäftigten, in der die höchste Belastung vermutet wird: Top-Manager, das zeigen Erfahrungsberichte, brennen seltener aus. Gründe hierfür könnten die angemessene Anerkennung in Form eines hohen Gehalts, die Liebe zum Beruf oder die in Führungsebenen gebotene Stressresistenz sein. Schwäche zu zeigen ist auf diesen Etagen allerdings ebenfalls immer noch ein Tabu.

Genug der Vorrede – jetzt geht es los. Gewinnen Sie Hoheit über Ihr Leben. Sind Sie glücklich?

*Es ist keine große Herausforderung, so zu sein,*
*wie andere Menschen es sich wünschen,*
*die große Kunst besteht darin, so zu sein, wie man ist.*
Quelle unbekannt

# Was geschieht hier eigentlich?

*Dinge wahrzunehmen ist der Keim der Intelligenz.*
Laotse

Finden Sie es nicht auch auffällig, dass in Ländern, wo Menschen allen Grund hätten, unter Stress zu leiden – weil sie nicht wissen, wie sie an Nahrung kommen oder ob sie in der nächsten Nacht ein Dach über dem Kopf haben werden, geschweige denn, ob sie überhaupt am Leben bleiben –, Burn-out wenig oder gar nicht bekannt ist?

Die Menschen im zwanzigsten Jahrhundert haben zwei Weltkriege mit unglaublichen Belastungen erlebt und noch früher waren Arbeitstage von mehr als 12 Stunden ohne Jahresurlaub keine Seltenheit. Könnte das Phänomen Burn-out vielleicht etwas mit fehlender Sinnhaftigkeit im Leben der Betroffenen zu tun haben oder gar mit dem Verlust von Werten?

Mozart komponierte binnen kurzer Zeit drei große Opern und bekam keinen Burn-out. Paul Cézanne schuf unzählige eindrucksvolle Werke und erlitt keinen Burn-out. Jemand, der wirklich tief begeistert ist von dem, was er tut, kann gar nicht ausbrennen, im Gegenteil: Er bekommt Kraft aus seiner Tätigkeit, auch wenn er zwölf Stunden oder mehr darauf verwendet.

Seit Jahren darf ich beobachten, wie griechische Fischer, die morgens in aller Frühe aufs Meer fahren, vormittags zurückkommen und bis in den späten Abend in ihrer Taverne arbeiten. Dabei plaudern sie gut gelaunt mit ihren Gästen. Als ich dort von meinem gerade entstehenden Buch über Burn-out erzählte, fragten sie, was das sei – und schüttelten dann nur den Kopf. Sogar der ansässige Arzt, mit dem ich im Zuge meiner Recherchen sprach, kannte Burn-out und dessen Symptome bis vor Kurzem lediglich vom Hörensagen und aus einer Fachzeitschrift. Inzwischen, so sagte er mir, gebe es das Phänomen leider zunehmend auch in den großen Städten auf dem Festland; er bringe das mit dem enormen Druck in Verbindung, der seit der Krise auf dem Land liegt.

Ungezählte Menschen stecken dort tief im Tal der Depression. Es ist sogar so schlimm, dass viele Griechen keinen anderen Ausweg mehr wissen als den Freitod. Die Angst, als Bettler zu enden, lässt viele zum Strick greifen. Täglich nehmen sich dort zwei bis drei Menschen das Leben, 25–30 versuchen es. Die Psychologen der Athener *Pantion Universität* untersuchen die psychologischen Auswirkungen der Finanzkrise. Früher waren Suizide in der griechischen Gesellschaft sehr selten, zurzeit liegt die Rate bei 12 Prozent und steigt weiter an. Angesichts der großen Not ist sogar die Kirche von ihrer Regel abgewichen, Selbstmörder nicht zu bestatten.

Es ist still geworden in Griechenland, weil die Menschen erschöpft sind. Die Zeiten der Massenproteste sind vorbei. 2012 kam es noch zu Straßenschlachten vor dem Parlament. Anlass war der Selbstmord eines 77-jährigen Rentners, der sich aus Protest mitten auf dem Platz erschossen hatte. Laut seines Abschiedsbriefes wollte er damit ein Zeichen setzen und die Jugend auffordern, sich zu wehren. Der Kampf ums Überleben nimmt inzwischen den Menschen die Kraft zur Revolte. Das sind typische Merkmale eines Burn-out.

Natürlich wird das nicht bekannt gemacht, da es die Erholung der Aktienmärkte stören würde. Die Troika zeigte sich bei ihrem letzten Besuch ›zufrieden‹. Womit? Damit, dass es in Griechenland wieder Malaria-Tote gibt? Oder mit der Verdreifachung der Selbstmordrate, die jahrelang die niedrigste in Europa war?

Ist die Troika zufrieden mit der Arbeitslosenquote von 27 Prozent? Oder mit einer Jugendarbeitslosigkeit von 70,6 Prozent in der griechischen Region Dykiti Macedonia? 1,3 Millionen von 3,6 Millionen erwerbsfähigen Griechen sind arbeitslos. Ein Drittel der Bevölkerung ist unter die Armutsgrenze gefallen. Bei 7 Millionen Griechen bestimmt Armut den Alltag.

Ist die Troika zufrieden damit, dass weit mehr als 300.000 Griechen ihr Auto abgemeldet haben oder dass Eltern ihre Kinder in SOS-Kinderdörfern abgeben, weil sie sie nicht mehr ernähren können? 150.000 Hochschulabsolventen haben in jüngster Zeit das Land verlassen, 120.000 Firmen sind inzwischen bankrottgegangen. Dieser beispiellose Aderlass ist die traurige Situation in Griechenland. Man darf gespannt sein, was die neue Regierung Griechenlands bewirken wird. Die Troika wollen sie jedenfalls schon einmal des Landes verweisen und zeigen damit diesen menschenverachtenden Robotern der Europäischen Zentralbank und des Internationalen Währungsfonds die kalte Schulter. Wahrscheinlich hat man nun hierzulande Angst vor einer Annäherung Griechenlands an Russland. Diese Wahl war sicher der demokratische Hilfeschrei eines Volkes, das damit gesagt hat: »So können wir nicht mehr weiter machen.«

Arbeitsüberlastung, Tempodruck, mangelnde Mitsprache bei der Gestaltung der Arbeitsprozesse, Mobbing, autoritäre Führungsstile und fehlende Wertschätzung sind Faktoren, die auch hierzulande den Menschen ein hohes Maß an Belastbarkeit abverlangen. Vor diesem Hintergrund finden viele nicht mehr genügend Muße und Entspannung, um mit den Anforderungen des Alltags fertig zu werden. Dennoch bekommen auch Menschen einen Burn-out, die den eben genannten Verhältnissen nicht ausgesetzt sind. Andere wiederum, die 60 Stunden in der Woche arbeiten, trifft er nicht.

Was geschieht hier eigentlich? Stellt Burn-out vielleicht nur eine Metapher dar, und wenn ja, wofür? Ist es möglicherweise in bestimmten Kontexten völlig normal, einen Burn-out zu erleben, und somit im Umkehrschluss eher krank, keinen zu bekommen? Könnte Burn-out bei Erwachsenen vielleicht gar eine Revolte gegen unser selbst geschaffenes System sein, ähnlich wie ADHS bei Kindern? Falls ja, werden jedenfalls enorme Anstrengungen unternommen, diese Revolution zu verhindern. Die Pharmaindustrie wird es uns sicher danken.

Einerseits sind wir unglaublich stolz auf unsere Freiheit, die wir für das höchste Gut halten, versklaven uns aber selbst immer mehr, indem wir uns von Dingen wie E-Mails, Handys und Smartphones abhängig machen: je mehr wir davon besitzen, desto erfolgreicher meinen wir zu sein. John D. Rockefeller und Enzo Ferrari, um nur zwei erfolgreiche Menschen zu nennen, hatten kein Handy. Wir bilden uns ein, ständig erreichbar sein zu müssen, aber machen uns damit auch in eigenen Prozessen jederzeit unterbrechbar. Sogar während der Unterbrechungen können wir noch unterbrochen werden, wenn zum Beispiel eine neue Nachricht auf dem Display erscheint. Dabei geht es selten um wesentliche Informationen, sondern viel mehr um Ruhestörung. Wir fesseln uns also selbst. Da jedoch nur Dienstboten ständig erreichbar sein müssen, ist derjenige wirklich erfolgreich, der es sich leisten kann, sein Handy auszuschalten.

Benutzen Sie den öffentlichen Personennahverkehr? Dann beobachten Sie folgendes Phänomen sicher auch (falls Sie nicht selbst zu beschäftigt sind): Die Fahrgäste steigen ein, suchen sich eine freie Sitzgelegenheit, lassen sich nieder – und nehmen sofort ihr Smartphone in die Hand. Dann drücken und wischen sie permanent auf dem Display herum.

Aber es geht noch schlimmer: Ich habe an diesem Buch an einem der schönsten Orte geschrieben, die man sich dafür vorstellen kann, auf der Terrasse des *Gravia* zwischen den Orten Arillas und St. Stefanos im Nordwesten der Insel Korfu. Von dort hat man einen traumhaften Blick auf das Meer und die vorgelagerte Insel gleichen Namens. Eine deutsche Familie kam und besetzte einen der Nachbartische. Kaum hatten sie dort Platz genommen, forderte die vielleicht vierjährige Tochter lautstark von der Mutter ihr Handy und begann sofort darauf herumzuspielen. Wohlgemerkt, sie hatte ein eigenes Smartphone. Von diesem Moment an hörte man von dem Kind kein Wort mehr. Nur als es an das Bestellen des Essens ging, blickte die Kleine kurz auf und sagte: »Pizza«. Über den weiteren Wortschatz des Kindes konnte ich mir keinen Eindruck verschaffen. Da die Eltern ebenfalls nicht miteinander sprachen, befürchte ich da Schlimmes.

Ich möchte die modernen Errungenschaften keineswegs verteufeln; ohne diese elektronischen Helfer könnte ich nicht das Leben führen, das ich führe. Es muss also – wie bei so vielen Dingen – auch hier um die ausgewogene Balance gehen. Man ist jederzeit mit der ganzen Welt verbunden und daher werden wir mit dem Tausendfachen an Nachrichten und anderen Meldungen dessen überflutet, das unsere Großeltern noch erlebt haben. Dies kann nicht nur ein Segen sein, insbesondere wenn man sich die Frage stellt, ob wir unbedingt wissen müssen, welche Prominente gerade schwanger ist oder wie viele Menschen bei einem Hochhausbrand in China ums Leben gekommen sind.

»Jeder weiß, wie man ein Smartphone bedient, die politische Frage lautet umgekehrt, wie man verhindert, dass man vom Smartphone bedient wird«, so die kluge Anmerkung von Frank Schirrmacher, dem 2014 verstorbenen Mitherausgeber der Frankfurter Allgemeinen Zeitung, der in diesem Zusammenhang an anderer Stelle auch von *Sozialstress* sprach, den wir früher nur gekannt hätten, wenn wir vergessen hatten, Onkel oder Tante eine Karte aus dem Urlaub zu schreiben.

Problematisch wird es dann, wenn man diese Techniken wie ein Junkie nutzt. Der dadurch erzeugte negative Stress kann sich aufstauen und zu Störungen führen, die Seele, Geist und Körper gleichermaßen schwächen. Dies hat oft Nervosität, Schlaflosigkeit, emotionale Labilität oder Angstzustände zur Folge. Inwieweit Computer bereits den Menschen bedienen, haben weltweite Studien am Arbeitsplatz gezeigt. In dem Moment, in dem die SMS erscheint oder die E-Mail ankommt, werden wir bedient und verlieren die Kontrolle. Es dauert dann durchschnittlich 25 Minuten bis wir nach einer Unterbrechung wieder zu unseren ursprünglichen Tätigkeiten zurückkehren, weil wir einfach vergessen haben, was wir überhaupt getan haben und das so entstandene Vakuum mit noch zwei Projekten füllen, beschreibt Frank Schirrmacher in seinem Buch *Payback*.

»In vierzig Prozent der Fälle«, schreibt die *New York Times*, »wandern die Arbeitenden sogar in eine ganz andere Richtung, sie werden magisch angezogen von der technologischen Version eines schlimmeren Gegenstands. Die wirkliche Gefahr ist gar nicht die Unterbrechung, sondern das Chaos, das sie mit unserem Kurzzeitgedächtnis veranstalten: ›*Was zum Teufel habe ich gerade getan?*‹

»Der moderne Mensch wird in einem Tätigkeitstaumel gehalten, damit er nicht zum Nachdenken über den Sinn seines Lebens und der Welt kommt«, bemerkte bereits Albert Schweitzer – lange bevor es Smartphones gab. In jedem Fall haben Smartphone und Co. unsere Kommunikation verändert und Computer übernehmen für uns mehr und mehr das Denken. Sie stellen uns auf Basis von Antworten, die wir einmal gegeben haben, neue Fragen. Sie glauben das nicht?

Dann nehmen Sie einmal an, sie hätten irgendwann an einer Internetbefragung teilgenommen und dort erklärt, dass Sie für Ökostrom auch etwas mehr bezahlen würden. Später haben Sie online ein Buch über Gartenbau gekauft und außerdem bei Autoscout nach Elektroautos gesucht. Bei Facebook haben Sie den Segeltörn eines Freundes begeistert kommentiert ... Es wird nicht lange dauern, bis Sie gefragt werden, ob Sie nicht Ihren nächsten Urlaub in einer idyllischen Anlage auf einer autofreien Ostseeinsel verbringen möchten, mit der Möglichkeit, Ihren Segelschein zu machen – oder Ähnliches. Der Computer kommt lange vor uns auf solche Ideen.

Der Potsdamer Kinder- und Jugendpsychiater Ulrich Preuß hat beobachtet, dass sich der Druck im Alltag durch das Smartphone erheblich erhöht hat. Viele Jugendliche befinden sich in einem ständigen Stand-by-Modus, weil sie jederzeit erreichbar sein wollen. Er spricht in diesem Zusammenhang von *Abhängigkeitsfollowern,* wenn die Jugendlichen durch die Benutzung der Social Media nicht eben mal abschalten können, sondern immer in einer Erklärungsnot seien, was sie gerade unternehmen und wo sie gerade sind. Das macht Stress und führt vor allem zu Konzentrationsstörungen, weil man durch die häufigen Unterbrechungen gar nicht mehr gewohnt ist, länger an einer Sache dranzubleiben. Eine große Herausforderung dieses Jahrhunderts wird es sicherlich sein, die Menschen an den stressfreien Umgang mit all diesen *Wunderwerken* zu gewöhnen.

Stress alleine und für sich betrachtet ist zunächst einmal wertfrei. Es ist die körperliche und geistige Reaktion des Organismus auf Anforderungen aus der Umgebung. Stress ist nicht gefährlich, im Gegenteil. Sind wir *nicht* zu Stressreaktionen wie Flucht oder Kampf in der Lage, wird es schlimm. Wenn es eine Disposition für Stresserkrankungen wie Depression, Burn-out oder Schlafstörung gibt, dann wird eine Wiederholung von Stresssituationen oder gar Dauerstress zum Risikofaktor.

# Alles bloß Chemie?

*Nichts erreicht das Herz,*
*das nicht von Herzen kommt.*
Quelle unbekannt

Forscher am Max-Planck-Institut suchten nach biochemischen Ursachen für psychische Erkrankungen. Sie entwickelten einen Bluttest, der zeigt, wie gut ein Mensch mit Stress umgehen kann und wie hoch das Erkrankungsrisiko des Einzelnen ist; dazu wird der Gehalt von Cortisol im Blut gemessen. Cortisol ist das bekannteste Stresshormon, dessen Produktion aber in unserem Gehirn durch ein anderes kleines Eiweißmolekül ausgelöst wird.

Dieses Corticotropin (CRH) erzeugt Angst, unterdrückt Schlaf und Appetit und fokussiert uns auf die Stresssituation. In einer solchen, so fanden die Wissenschaftler heraus, veranlasst das Gehirn die Nebennierenrinde, Cortisol zu bilden, das dann den gesamten Körper in Alarmbereitschaft versetzt. Herz, Gehirn und Lunge werden aktiviert, andere Systeme wie Verdauung oder Sexualtrieb werden reduziert. Bei Dauerstress kann es dann zu einer gefährlichen Überproduktion von Cortisol kommen, zudem wird das Gehirn geschädigt, was sich wiederum auf das Verhalten auswirkt.

Dass Stress eine wahrhaft haarige Angelegenheit ist, hat eine Dresdner Forschergruppe um den Biopsychologen Prof. Clemens Kirschbaum herausgefunden – die Forscher haben Stress im Haupthaar nachgewiesen. Dass dies bei Drogenmissbrauch funktioniert, wusste man bereits. Ich erinnere da nur an einen bekannten ehemaligen Bundesligatrainer. Seit dem Jahr 2004 waren die Dresdner nun auch dem Cortisol auf der Spur. Da die Kopfhaare im Durchschnitt um einen Zentimeter pro Monat wachsen, konnte man sogar den Zeitraum bestimmen, in dem der Stress bei der betroffenen Personen aufgetreten war – und zwar auf drei Monate genau. Hiermit hatte man eine objektive Beurteilung über das Auftreten von Stress.

Dass Stress besser als sein Ruf ist, konnten Forscher der Universität Bochum belegen. Probanden, die unter Stress gesetzt worden waren, konnten sich an Dinge, die während der Stresssituation auftraten, besser erinnern als entspannte Probanden. Für das Lernen hieße das, dass ein gesundes Maß an Stress sich positiv auf das Langzeitgedächtnis auswirke, also durchaus hilfreich sein könne. Beim Abfragen des Gelernten ist Stress hingegen hinderlich. So empfiehlt es sich, Prüfungssituationen so entspannt wie möglich zu gestalten; hierbei kommt es vor allem auf die Atmosphäre des Raumes und das Auftreten der Prüfer an.

In Anbetracht dessen, dass unser Geist stärker als Materie ist, stellt sich die Frage, wer das Corticotropin produziert. In der Bibel steht bei Johannes: »Am Anfang war das Wort ... und das Wort ward Fleisch.« Das heißt ja nichts anderes, als dass der Geist Materie formt – denn dem Wort muss ja ein Gedanke vorausgegangen sein. Kein Auto würde auf unseren Straßen fahren, kein Flugzeug würde fliegen und wir würden auch nicht telefonieren, hätte es keine Menschen gegeben, die genügend Vorstellungskraft hatten, sich das alles auszudenken. Besaßen Sie als Kind eine Kiste voller Legosteine? Dann haben Sie gelernt, dass Gedanken zu Bauplänen und diese zu Materie werden können.

Werner Heisenberg erkannte bereits als Zwanzigjähriger, dass wir die Wirklichkeit vollkommen anders sehen müssen. Nicht mehr materiell, sondern viel offener. Jesus sagte: »Ihr seid alle schlafende Götter.« Könnte dieser Satz nicht als Aufforderung gelten, zu erwachen und sich all seiner Möglichkeiten bewusst zu werden? Ebenso prophezeite er: »Ihr werdet Gleiches tun wie ich und Größeres.« Vielleicht hätte er einen ungefähren Zeitrahmen dafür angeben sollen. Dieses geistige Erbe wartet inzwischen nämlich seit mehr als 2000 Jahren darauf, dass wir uns auf die Reise machen, um zu entdecken, wer wir wirklich sind und welches Potenzial in uns schlummert.

Unser Denken, unsere Art zu fühlen und unser Körper interagieren und beeinflussen sich stets gegenseitig. Wenn Sie an etwas Unangenehmes denken, wird dies unmittelbar im Körper messbar sein. Angenommen, Sie träumen im Schlaf, dass Sie auf dem Dach eines Hochhauses stehen und jeden Moment hinunterfallen werden. Dieses Traumbild wird bei Ihnen augenblicklich körperliche Reaktionen wie Umherwälzen, Schweißausbruch, erhöhten Blutdruck und schnelleres Atmen auslösen. Kurz darauf mag das Traumbild zu einer sehr romantischen Szene wechseln, was wiederum völlig andere körperliche Effekte hervorrufen wird. Ähnliches gilt für den umgekehrten Fall, etwa einer körperlichen Verletzung durch einen Unfall. Sofort wird dies Einfluss auf Ihr Denken, Fühlen und Handeln nehmen.

Eines steht bei allen Betrachtungen über Burn-out fest: Über die Hintergründe wird zu wenig geforscht. Die zugrunde liegende Schwierigkeit ist mir durchaus bewusst – da die Ursachen nämlich so individuell sind, lassen sie sich mit den üblichen wissenschaftlichen Methoden nicht messen. Jeder

Betroffene muss sich also die Mühe machen, selbst nachzuforschen. Was bei der Lösung auf keinen Fall weiterhilft, sind Schuldzuweisungen wie: Der Arbeitgeber, der Vorgesetzte oder das Projekt ist schuld.

Im Leben geht es unter anderem darum, zu lernen. Wir häufen dabei eine große Menge von Wissen an. Zu der Meinung zu gelangen, man wisse genug und habe ausgelernt, wäre jedoch ein fataler Fehler. Viele Menschen sind sich da aber bereits nach Beendigung des Studiums oder ihrer Lehre sicher. Gefestigtes Wissen wird dann schnell zu einer Art Landkarte der Realität; auf dieser Basis werden anschließend Entscheidungen getroffen. Alles, was dort nicht hineinpasst, wird ignoriert oder abgewehrt. Die einfachste Form, die Landkarte anderer abzuwehren, ist, sich darüber lustig zu machen, zu behaupten, das Ganze sei Spinnerei oder ›schlaue‹ Gegenargumente zu liefern. Es kann sogar vorkommen, dass eine andere Landkarte unser Zutrauen in unser Weltbild massiv stört. Dann versuchen wir, das Ganze herunterzuspielen, und beruhigen uns wie Kinder, denen man sagt, dass es die böse Hexe in Wirklichkeit gar nicht gibt. Obwohl wir wissen, dass das nicht stimmt, können wir zunächst einmal ruhig schlafen und unser Weltbild ist wieder in Ordnung. In tiefer Meditation kann man allerdings erkennen, dass das bisherige Weltbild und das Leben, das man nach diesem geführt hat, so nicht stimmen und dass es ganz anders sein könnte. Manchmal entdeckt man sogar, dass man einer gigantischen Fälschung aufgesessen ist.

Lässt man neues Wissen zu, kann Nützliches geschehen und gestaltet werden. Wissen und Lernen vertragen sich allerdings nicht immer gut, da man Gelerntem gegenüber in der Regel loyal ist. Die Wiederverwendung alten Wissens verhindert oft Veränderungsprozesse. *Ich weiß schon, wie es geht, warum soll ich das ändern, das ist sowieso nicht möglich* ist die Haltung, die von Wissen leicht erzeugt wird.

»Gerade wenn man glaubt, etwas zu wissen«, ruft Robin Williams als Lehrer seinen Schülern zu, »muss man es aus einer anderen Perspektive betrachten, selbst wenn es einem albern vorkommt oder unnötig erscheint. Man muss es versuchen. Sie müssen Ihre eigene Perspektive finden und je länger Sie damit warten, desto unwahrscheinlicher ist es, dass Sie sie finden.« (aus dem Film *Club der toten Dichter*)

Wer lernen will, muss neugierig sein wie ein Kind, um zu erfahren, was er noch nicht weiß. Insofern geht es immer auch hier um eine Balance zwischen Wissen und Nichtwissen. Ein Zeichen dafür, ob Sie ausgelernt haben: Da Sie leben, dürfen Sie noch dazulernen. Sich selbst immer besser kennenzulernen, ist nicht nur die beste Behandlungsmethode bei Burn-out, sondern auch die sinnvollste Prophylaxe.

*Der Schritt verrät, ob einer schon*
*auf seiner Bahn schreitet. Wer aber seinem Ziel*
*nahe kommt, der tanzt.*
Friedrich W. Nietzsche

# Burn-out-Phasen

Burn-out-Phasen der Erschöpfung nach Dr. med. Mansmann

*1. Drang nach Anerkennung und übertriebener Ehrgeiz*
Der Betroffene erfüllt seine Aufgaben mit sehr großer Begeisterung. Allerdings überfordert er sich oftmals dabei und setzt sich zu hohe Ziele.

*2. Übertriebene Leistungsbereitschaft*
Um den eigenen Ansprüchen zu genügen, wird noch mehr Energie aufgebracht und alles dafür getan, den Ansprüchen doch noch gerecht zu werden. Das Gefühl, unersetzbar zu sein, steigt. Deshalb werden kaum Aufgaben abgegeben und Arbeitsentlastung findet kaum statt.

*3. Ausblenden der eigenen Bedürfnisse*
In dieser Phase tritt das Verlangen nach Ruhe, Schlaf und Regeneration immer weiter in den Hintergrund. Häufig nimmt der Konsum von Alkohol, Nikotin und Kaffee zu.

*4. Ausblenden von Warnsignalen und Überforderung*
Um weiterhin leistungsstark zu funktionieren, blendet der Betroffene alle Warnsignale und Anzeichen des eigenen Körpers aus. Unzuverlässigkeit und Fehler häufen sich im Arbeitsalltag.

*5. Verzerrte Wahrnehmung der Realität*
Alte Grundsätze verlieren an Wert, Freundschaften und berufliche Kontakte, die vorher eher Entlastung und Unterstützung waren, werden nun mehr als Belastung empfunden. Die Wahrnehmung wird reduziert auf ein Minimum. Probleme in der eigenen Beziehung treten auf.

*6. Ausblenden von ersten Beschwerden*
Probleme häufen sich im Leben des Betroffenen und auch körperliche Beschwerden wie Müdigkeit, Kopfschmerzen und Angst setzen ein. Jedoch werden diese Probleme ignoriert oder es wird ihnen kaum Beachtung geschenkt.

*7. Rückzugsphase*
Hoffnungslosigkeit breitet sich aus und verdrängt alle positiven Gefühle. Alkohol und Medikamente dienen nun häufiger zur Ablenkung. Das soziale Umfeld wird als Bedrohung angesehen und als überfordernd empfunden.

*8. Beratungsresistenz baut sich auf*
Der Betroffene wird unflexibel im Denken und schränkt sich immer mehr ein, was sein eigenes Verhalten anbelangt. Kritik wird komplett zurückgewiesen und als Angriff auf die eigene Persönlichkeit empfunden. Er zieht sich immer weiter zurück.

*9. Entfremdung*
In dieser Phase fühlt sich der Betroffene sich selbst gegenüber fremd. Es kommt ihm vor, als würde er nur noch automatisch wie ein Roboter funktionieren, ohne freien Willen.

*10. Innere Leere*
Mutlos und erschöpft bezwingt der Betroffene seinen Alltag. Angst und Panikattacken verfolgen ihn. Mitunter versucht er, seine Probleme mit Kauftouren und Fressorgien zu bewältigen.

*11. Auftretende Depressionen*
Dauerhafte Verzweiflung und Niedergeschlagenheit stellen sich ein. Andere Erkrankungen wie Magersucht können auftreten.

*12. Totale Erschöpfung*
Die andauernde geistige und körperliche Müdigkeit lähmt und beeinflusst das gesamte Leben: Das Immunsystem ist geschwächt, die Gefahr von Herz-Kreislauf-Erkrankungen und Magen-Darm-Leiden steigt erheblich. Die Suizidgefahr ist in diesem Stadium am höchsten.

## Sind Sie Führungskraft oder Arbeitgeber?

Wenn Sie den leisen Verdacht haben, dass einer Ihrer Mitarbeiter auf einen Burn-out zusteuert, dann machen Sie von Ihrer Fürsorgepflicht Gebrauch, indem Sie sich folgende Fragen stellen:

- Fehlt der Mitarbeiter häufiger am Arbeitsplatz?
- Braucht er längere Pausen als früher?
- Sind seine Arbeitsleitungen nicht mehr so effizient?
- Kommt er häufiger zu spät?
- Spricht er zunehmend schlecht von seinen Kunden?

- Verschiebt er immer häufiger Kundentermine?
- Reagiert er verärgert oder genervt, wenn Kunden anrufen?
- Kann er sich immer weniger auf seine Kunden konzentrieren?
- Isoliert er sich zunehmend von Kollegen oder Feierlichkeiten im Betrieb? Geht er Diskussionen aus dem Weg?

- Oder/und bemerken Sie bei Ihrem Mitarbeiter einen stetig zunehmenden Widerstand, täglich zur Arbeit zu gehen?
- Bemerken Sie Gefühle des Versagens, Ärgers und Widerwillens?
- Ist Ihr Mitarbeiter entmutigt oder gleichgültig?
- Ist der Mitarbeiter frustriert?
- Erleben Sie Stimmungsschwankungen?
- Stellen Sie Widerstand gegen Veränderungen fest?
- Kann sich der Mitarbeiter immer schlechter konzentrieren?

*Wo deine Talente und die Bedürfnisse der Welt*
*sich kreuzen, dort liegt deine Berufung.*
Aristoteles

# Ratespiel Diagnose

*Was nennen die Menschen am liebsten dumm?*
*Das Gescheite, das sie nicht verstehen.*
Marie von Ebner-Eschenbach

Weltweit wird an Tests gearbeitet, um Burn-out präzise diagnostizieren zu können, doch sind die Forscher sich untereinander nicht einig. Mehr als 130 Symptome wurden bislang gesammelt – eine klare medizinische Definition des Begriffes fehlt aber bis heute.

Burn-out wird im ICD-10, der internationalen Klassifikation der Erkrankungen, nach wie vor nicht als eigenständiges Krankheitsbild geführt. Dr. Manfred Lütz spricht da eher von einer Befindlichkeitsstörung. Wie immer man dieses Phänomen auch nennen mag – inzwischen leiden Millionen Menschen daran. In Deutschland schätzt man die Zahl der Betroffenen auf neun Millionen, mehreren Untersuchungen zufolge gehört fast ein Drittel aller Ärzte dazu. So kann es sein, dass ein Patient mit einem Burn-out in der Praxis eines Leidensgenossen sitzt. Laut der Schlichtungsstelle für Arzthaftpflichtsfragen ist die Zahl der Behandlungsfehler stark angestiegen. 2013 hatten mehr als 2.000 Beschwerden Erfolg, jede vierte Behandlung oder Diagnose war fehlerhaft. Und dies sind nur die Fälle, die zur Anzeige kamen.

*Eine Mutter hatte einen Sohn, der süchtig nach Datteln war. Sie hatte von einem berühmten Heiler gehört, der weit draußen in der Wüste lebte. Als Mutter und Sohn nach zwei Tagesreisen bei diesem angekommen waren, sagte der Heiler: »Kommt morgen wieder.« Sie übernachteten in der*

*Nähe. Am nächsten Tag heilte er den Sohn. Auf die Frage der Mutter, warum er das nicht schon gestern getan habe, war seine Antwort: »Da hatte ich selbst Datteln gegessen.«*

Falsch behandelt oder lange ignoriert kann Burn-out zu permanenter Berufsunfähigkeit und Invalidisierung mit all ihren zerstörenden Konsequenzen für das soziale wie berufliche Leben führen, in manchen Fällen auch zum Suizid.

Bei fast allen traditionellen Behandlungsmethoden versucht der Arzt, das Problem einzukreisen, indem er seinem Patienten Fragen zu den Symptomen stellt. Der Begriff *Patient* kommt aus dem Lateinischen und bedeutet *erdulden, ertragen, ausharren,* was viel über das Rollenverständnis der klassischen Schulmedizin aussagt. Der Arzt fragt immer weiter nach Details. Auf diese Weise erfährt er zunehmend mehr über die Geschichte des Problems und beginnt auf der Basis seines während der Ausbildung erworbenen Wissens, seiner Einstellungen und Glaubenssätze innerlich Hypothesen zu bilden. Was folgt, ist seine Diagnose, die ungefähr so ausfallen kann: »Nach allem, was ich gehört habe, handelt es sich hier um eine Depression.« Und schon ist der Patient mit einem Etikett versehen, das er nur sehr schwer wieder los wird. War er bis dahin nicht depressiv, so wird er es aufgrund der Diagnose. Die suggestive Macht von Menschen in weißen Kitteln ist nicht zu unterschätzen – im positiven wie im negativen Sinne.

Glaubt der Arzt herausgefunden zu haben, was das Problem ist, so überlegt er, mit welcher Lösung man diesem Problem begegnen könnte und welche Barrieren aus dem Weg geräumt werden müssen; somit steht er auf der Position des Experten. Was dann folgt, ist eine Verschreibung. Der Arzt teilt dem Patienten mit, worauf er achten sollte, welche

Medikamente er nehmen oder dass er mehr Sport treiben müsse, dass er möglicherweise die Ernährung umstellen oder sich am besten einmal eine Auszeit nehmen sollte. Wenn diese Verschreibungen nicht ausreichen, wird meist die Dosis erhöht – also mehr vom Selben gemacht, anstatt neue Wege zu gehen.

Dieser ganze Ansatz erweckt dann den Anschein, als sei er ganz und gar auf das Individuum bezogen. Bei dieser Vorgehensweise gibt es eine klare Trennung: *Ich bin hier der Doktor, beobachte dich dort und beschreibe, wie ich dich beobachte. Dann gebe ich dir mein Rezept.*

Dieser Ansatz ist ein beliebtes Modell der klassischen Schulmedizin. Sie schaut sich den menschlichen Körper vornehmlich als Maschine an. Dabei betrachtet man zum Beispiel, wie das eine Teil der Maschine zu einem anderen Teil in Beziehung steht. Menschen funktionieren aber anders. Wir sind nicht lineare Systeme und als solche nicht vorhersagbar. Mit dem Ursache-Wirkung-Prinzip kommt man hier nicht weit. Noch nie ist nur ein Körper in eine Arztpraxis gekommen – Geist und Seele waren immer dabei, und mehr noch, die Systeme, in denen dieser Mensch lebt und von denen er ein Teil ist, ebenfalls. Alles ist untrennbar miteinander verbunden. Das bedeutet: Alle Phänomene, die sich im Geist abspielen, finden ebenfalls auf der körperlichen Ebene statt und sind dort sogar unmittelbar beobachtbar, spürbar und messbar. Denken Sie nur an das Erröten, wenn man sich schämt, oder das Zittern vor Angst.

Der Arzt stellt also seine Diagnose aus seinem eigenen Modell der Wirklichkeit heraus. Das Dumme ist nur, dass auch der Patient ein Modell hat, nämlich seines. Er hat sich Gewohnheiten zu eigen gemacht, die er auch dann beibehält, wenn sie zu Problemen führen. Versucht also der Arzt oder Therapeut, sein Modell gegen das des Patienten durchzusetzen, reagiert der Patient oft so, dass er den sein eigenes Modell störenden Einfluss auszugleichen versucht oder es unwirksam werden lässt. Dies wird dann oft als Widerstand gedeutet.

Demzufolge muss bei der Behandlung anders vorgegangen werden. Arzt und Patient sollten die Netzwerke betrachten, die Wechselwirkungen innerhalb der Systeme, von denen der Betroffene ja ein Teil ist. Und das kann nur gemeinsam geschehen. Indem Arzt und Patient also *gemeinsam* Lösungen suchen, machen sie den ersten Schritt in die richtige Richtung. Falls sie den lösungsfokussierten Ansatz wählen, schauen sie sich zunächst das Ziel an, beginnen praktisch am anderen Ende, indem sie als allererstes herausfinden, wie die Idee des Patienten über das gewünschte Ergebnis aussieht.

Natürlich werden die meisten sagen: »Ich möchte wieder gesund sein.« In der Regel nickt der Arzt dann, als wisse er genau, was sein Gegenüber damit meint. Das weiß er aber nicht, das kann nur der Patient selbst wissen. Also sollte der Arzt die Frage anschließen, woran genau sein Patient denn bemerken würde, dass er wieder gesund ist. Hier gilt es, genau hinzuhören. Daraufhin sollten Arzt und Patient gemeinsam nach Ausnahmen und Erfolgen in der Vergangenheit suchen. Der Arzt forscht also nicht nach Defiziten, die beseitigt werden müssen, sondern richtet sein Augenmerk auf Ressourcen und ungenutzte Potenziale seines Patienten. Bei dieser Vorgehensweise wird der Begriff *Patient* ad absurdum geführt, da dieser ja aktiv daran beteiligt ist, seine Lösung zu finden, die er längst in sich trägt. Er weiß nur nicht, dass er sie hat, dies ist ihm schlichtweg entfallen – vor lauter Stress.

Bei diesem Ansatz stellt der Arzt beispielsweise folgende Fragen: »Gab es schon Zeiten, in denen Sie sich gesund gefühlt haben?« Oder: »Welche dieser kleinen Erfolge aus Ihrer Vergangenheit wollen Sie wiederholen? Und wie haben Sie es denn damals geschafft?« Oder: »Woran würden Sie als Erstes bemerken, dass es in die gewünschte Richtung geht? Würden andere Menschen in Ihrer Umgebung dies ebenfalls bemerken, und wenn ja, woran?« Wenn man diesen Ansatz wählt, entsteht eine Zusammenarbeit. Da dem Arzt in der Regel aber nicht so viel Zeit für seine Patienten zur Verfügung steht – oft sind es nur wenige Minuten –, wird meist die schnellere Methode gewählt. (60–90 Patienten an einem Tag sind keine Seltenheit.) Bei dem beschriebenen zeitlich aufwendigeren Weg nimmt der Arzt keine Verschreibungen vor, indem er dem Patienten vorgibt, was er tun soll, sondern das Ganze wird vielmehr zu etwas, das beide gemeinsam konstruieren. Falls Sie schon einmal mit Familientherapie zu tun hatten, so wissen Sie, dass der Beobachter und die Person, die beobachtet wird, in Interaktion stehen. Es handelt sich um einen gemeinsamen Prozess – und im Ansatz bereits um systemisches Denken.

Burn-out klingt einfach besser als Depression, da man damit gemeinhin jemanden etikettiert, der sich für seine Arbeit und seine Firma aufgeopfert hat. Kaum einer ›Krankheit‹ wird so viel Respekt entgegengebracht wie dieser. Immerhin wird sich jeder Betroffene die Frage stellen müssen, ob es Sinn ergibt zu leben, um zu arbeiten, oder ob es sinnvoller ist, zu arbeiten, um zu leben. »Es traf mich ohne Vorwarnung. Ich konnte mit dem Gefühl gar nichts anfangen, hatte keine Ahnung, woher das plötzlich kam, ich war total unausgeglichen und nicht mehr fähig, zur Arbeit zu gehen. Ich habe mich an den freien Tagen einfach nicht mehr erholt.« Stellvertretend kann diese Aussage eines Klienten für viele andere stehen.Wenn Sie sich selbst nicht sicher sind, ob Sie zum gefährdeten Personenkreis gehören, stellen Sie sich doch selbst einmal folgende Fragen und beantworten Sie diese ehrlich und selbstkritisch! (Es hört ja niemand zu.)

- Fühle ich mich leer und ausgebrannt?
- Unternehme ich weniger als früher?
- Fällt es mir schwer, mich zu konzentrieren?
- Brauche ich Schlaf- oder Beruhigungsmittel?
- Bin ich häufiger krank als früher?
- Fühle ich mich überfordert?
- Bin ich ängstlich oder depressiv geworden?
- Macht mir meine Arbeit keinen Spaß mehr?
- Bin ich chronisch müde?
- Leide ich mehr als früher unter Muskelverspannungen, Magen- oder Kopfschmerzen?
- Glaube ich, dass ich an meiner Arbeitssituation nichts ändern kann?
- Gehe ich in meiner Freizeit weniger als früher meinen Interessen und Hobbys nach?
- Fühle ich mich in der Arbeit alleingelassen?
- Bin ich eher gereizt als früher?
- Werde ich meinen Kunden gegenüber zunehmend zynischer?
- Trinke ich häufiger Alkohol, um mich zu entspannen?
- Rauche ich mehr?
- Fällt es mir schwer, morgens zur Arbeit zu gehen?

Bronnie Ware arbeitete jahrelang als Krankenschwester und begleitete viele Menschen in deren letzten Tagen vor dem Tod. Aus ihren Gesprächen mit den Patienten fasste sie fünf unerfüllte Wünsche zusammen:

1. Ich wünschte, ich hätte mehr Mut aufgebracht, ein Leben getreu mir selbst zu führen anstatt eines, das andere von mir erwarteten.
2. Ich wünschte, ich hätte nicht so viel gearbeitet.
3. Ich wünschte, ich hätte den Mut aufgebracht, meine Gefühle zu zeigen.
4. Ich wünschte, ich wäre mit meinen Freunden in Kontakt geblieben.
5. Ich wünschte, ich hätte mich glücklicher sein lassen.

Es gibt auch noch eine andere Möglichkeit, Burn-out zu betrachten: Was wäre, wenn die Betroffenen uns allen mit ihren Symptomen lediglich zeigten, dass wir mit unserem Denken und Handeln gerade dabei sind, unseren Omnibus gegen die Wand zu fahren? Ist es vielleicht ein gesamtgesellschaftliches Problem? Haben wir den Kontakt zu dem, was im Leben wirklich wichtig ist, verloren?

Ist Burn-out also gar kein individuelles Problem, sondern ein systemisches, das uns alle betrifft? Wenn dem so ist, welche Chance liegt wohl darin? Es lohnt sich sicher, darüber zu meditieren.

*Einst lebte auf Zypern ein Bildhauer mit dem Namen Pygmalion. Er beschloss, sich ganz und gar seiner Kunst zu widmen, da er keine Frau finden konnte, die seiner Vorstellung von Schönheit entsprach. Bald darauf hatte er in sei-*

*nem Atelier ein Stück sehr reinen weißen Marmors, aus dem er eine wunderschöne Frau formte – die all das verkörperte, was er für schön hielt. Er war so begeistert von seiner eigenen Schöpfung, dass er Aphrodite bat, ihm bei der Suche nach einer Frau zu helfen, deren Schönheit seiner Skulptur ebenbürtig war. Aphrodite wusste, dass ihm nur die Statue selbst genügen würde, und so hauchte sie der Statue Leben ein. Pygmalion nannte sie Galatea und heiratete seine eigene Schöpfung.*

Sehr viele Therapeuten ähneln Pygmalion. Sie haben Methoden lieben gelernt, die Welt ihrer Patienten zu verstehen. Wenn sie ›gut‹ sind, werden sie in der Therapie dasselbe Verständnis vermitteln. So können Transaktionsanalytiker Ihnen beibringen, sich und Ihre Erlebnisse als Manifestationen des Eltern-, des Erwachsenen- und des Kind-Ichs zu verstehen. Ein Verhaltenstherapeut wird Ihnen erklären, dass Sie für jede ihrer Verhaltensweisen irgendwann einmal positiv verstärkt worden sind, ein Gesprächstherapeut wiederum wird Ihnen deutlich machen, dass in Ihnen ein positiver Kern steckt, der wertgeschätzt und akzeptiert werden muss. Als ich noch als Psychotherapeut tätig war, glaubte ich oft, meine Klienten hätten sich verändert, *weil* ich auf diese oder jene Weise interveniert hatte, heute sage ich manchmal, *obwohl* ich so interveniert hatte.

Würden die kleinen grünen Männchen vom Mars (oder woher auch immer) hier landen und uns fragen, wie wir Menschen unsere Probleme lösen, und erklärten wir ihnen dann all unsere psychologischen und therapeutischen Modelle, so würden sie uns vielleicht nach einer Weile fragen: Warum erforscht ihr denn nicht, wie das Leben ganz von selbst für Veränderungen sorgt?, bemerkte Paul Watzlawick einmal in einem seiner Vorträge. Doch es gibt Hoffnung. Immer mehr Ärzte nutzen neben der modernen Medizin auch überlieferte Praktiken: das Auflegen der Hände, Trancereisen zu inneren Bildern der Heilung, Meditation. Unikliniken arbeiten mit Heilern zusammen (in England und der Schweiz übrigens schon seit Langem) und Ärzte und Psychologen experimentieren mit neuen Methoden, die auf uraltem Wissen beruhen.

## Wenn der Sinn fehlt

Burn-out trifft nicht nur gestresste Arbeitnehmer aus der Wirtschaft oder dem Bankenwesen, sondern auch Menschen, die sich für andere aufopfern, wie Mütter, Krankenpfleger, Sozialarbeiter, Sozialpädagogen, Ärzte und Seelsorger, und zwar insbesondere dann, wenn sie für ihren Einsatz zu wenig Wertschätzung und Anerkennung erhalten.

Betroffen sind nicht nur Menschen, die sich hauptsächlich über ihre Arbeit definieren und andere Lebensbereiche eher als nebensächlich betrachten, sondern auch in einem rein privaten Kontext werden Symptome eines Burn-out beobachtet, wenn es dort zu Konflikten kommt. Denn auch diese Bereiche berühren das Thema *Sinngebung*.

Eine Situation, von der man einmal glaubte, sie gebe einen Sinn, hat sich verändert; man erhält sie nun aus unterschiedlichen Gründen aufrecht, aber schöpft keine Kraft mehr aus ihr. Nehmen wir als Beispiel ein Ehepaar, das sich mit ganzer Energie auf das Großziehen der Kinder fokussiert und darin seine Bestimmung gesehen hat. Sind die Kinder aus dem Haus, kommt es danach oft zur Trennung.

Oder ein Paar hat sich voll und ganz auf den Hausbau konzentriert und dort viel Zeit und Kraft hineingesteckt.

Kaum ist das Haus fertig, fehlt dieser Sinn und man muss sich entweder neu finden oder sich trennen. In beiden Fällen würde es eine Menge Kraft kosten, einfach so zu tun, als hätte sich nichts verändert; es käme sicherlich zu Erschöpfungszeichen. Geht es uns mit unseren Wünschen nicht ganz ähnlich? Einen Wunsch zu haben und etwas dafür zu tun, damit er sich erfüllt, gibt Energie. Kaum ist dieser Wunsch aber erfüllt, klopft bereits der nächste an. Der Weg ist meist interessanter als das Ziel.

Der Unterschied zu Menschen mit einem *Bore-out*-Syndrom (Langeweile) besteht darin, dass diese im Vorhinein schon keinen Sinn in ihrem Tun finden. Sei es, dass sie längere Zeit arbeitslos sind oder beispielsweise zu stumpfsinnigen Arbeiten herangezogen werden, ohne irgendeine Abwechslung. Ich gehe davon aus, dass die meisten Menschen zu Beginn ihrer beruflichen Tätigkeit mit Überzeugung ans Werk gingen, vielleicht sogar mit einer großen Portion Enthusiasmus. Sie sahen einen Sinn in dem, was sie sich als Profession ausgesucht hatten, oder hofften, einen Sinn darin zu finden.

Ich möchte stellvertretend den Beruf des Lehrers erwähnen, denn ich erinnere mich, dass in den 80er Jahren überdurchschnittlich viele Lehrer mit Symptomen wie Schlaf- und Verdauungsstörungen, Kopfschmerzen, Beklemmungsgefühle, Dauermüdigkeit oder Tinnitus, Konzentrationsstörungen und Übellaunigkeit, die zu einem klassischen Burn-out gehören, in die Praxis kamen. Nur nannte man es damals noch nicht so. (Burn-out gilt übrigens bis heute als der häufigste Grund für Frühpensionierungen bei Lehrerinnen.) Sie berichteten von einer großen Begeisterung zu Beginn ihrer Laufbahn. Sie hatten hohe Ideale, als sie beschlossen, Pädagoge zu werden. Viele waren entweder durch negative Erfahrungen mit schlechten Lehrern aus ihrer eigenen Schulzeit motiviert oder hatten gute als Vorbild gehabt. Im Schulbetrieb angekommen, wurden sie schnell desillusioniert – durch mangelhafte Ausbildung, was den Umgang mit Menschen betrifft, durch überfrachtete Lehrpläne, zu große Klassen, resignierte Kollegen, die das alles schon hinter sich hatten, und vieles mehr. Ist es nicht traurig, dass die meisten Schüler auf die Frage, warum sie in die Schule gehen, antworten: Weil ich muss? Das hört sich doch nach fehlender Sinngebung auf beiden Seiten an.

Dass Lernen am nachhaltigsten freiwillig und unter positiven emotionalen Bedingungen möglich ist, dürfte sich inzwischen auch bei den Verantwortlichen herumgesprochen haben.

*Non scholae, sed vitae discimus* (Nicht für die Schule, sondern für das Leben lernen wir) wurde uns zwar in der Schule immer wieder gesagt, aber wirklich Nützliches für das Leben habe ich erst danach gelernt. Von der großen Menge an Stoff, der uns vermittelt wurde – und das wird auch heute meist noch versucht –, ist nicht viel hängen geblieben. Wissen Sie noch was ein *Jambus* ist oder die *Goldene Bulle*? Dabei weiß man aus der Hirnforschung und der Entwicklungspsychologie inzwischen, dass es viel zielführender ist, weniger Stoff durchzunehmen, den Schüler aktiv mitgestalten können. Ansätze waren durchaus auch an meiner Schule vorhanden. So züchteten wir mit Begeisterung Fruchtfliegen, um die *mendelschen Gesetze* zu lernen. Lernen fällt unglaublich leicht, wenn man für etwas begeistert ist, weil man dann emotional beteiligt ist; und dies macht dann den Unterschied zum Pauken aus. Frau Prof. Ellen

Langer von der Harvard University hat gesagt, pauken sei, als wenn man Pakete schlucken müsse, die noch verschlossen sind. Das ist passives Konsumieren. Das Ziel von Pauken ist die Note, nicht das Wissen. Gehirngerechtes Lernen hingegen ist ein aktiver Prozess und eine angeborene Fähigkeit und es gibt keinen Grund, warum dies keinen Spaß machen sollte. Bei gehirngerechtem Lernen wächst das Interesse an dem Lehrstoff. Fast jedes Kind freut sich auf die Schule und kann es kaum erwarten, bis es endlich losgeht. Es dauert in der Regel nicht sehr lange, bis es desillusioniert ist; es sei denn, es liebt die Lehrer und hat in seiner Klasse gute soziale Kontakte, was aber mit dem *System Schule* wenig zu tun hat. Wenn der Lernende aktiviert wird, wenn ihn der Stoff interessiert, wenn er selber denken und sich bewegen darf (das gilt insbesondere für Jungen), entstehen im Gehirn sogenannte Neurotransmitter, ohne die es kein Lernen gibt.

Unterschiedliches Wissen sollte mehr aufeinander bezogen werden, weil man so mehr lernt. Die Idee des Hirnforschers Prof. Dr. Gerald Hüther und des Philosophen Richard David Precht, im Schulunterricht interdisziplinär zu arbeiten – darüber hatten sie einmal in einer Fernsehsendung diskutiert –, macht Sinn. Die Fächer *Physik* und *Chemie* haben mich zum Beispiel nicht interessiert. Wäre hingegen *Klimaforschung* ein Schulfach gewesen, in dem Lehrer der Fachrichtungen *Erdkunde, Biologie, Chemie* und *Physik* zusammengearbeitet hätten, wäre ich da sicher ganz anders herangegangen und hätte gleich mehrere Fliegen mit einer Klappe geschlagen.

Mit dem Schulfach *Geld* hätte man wirklich wertvollen Unterricht gestalten können, der für das Leben ganz gewiss ein Gewinn gewesen wäre. Hier hätte man die Fächer *Wirtschaft, Sozialkunde* und *Mathematik* sinnvoll miteinander verbinden können. Ich glaube, dass dies sowohl Lehrern als auch Schülern mehr Spaß machen würde. Obwohl man das alles heute weiß, wird oft immer noch nach mehr als hundertjähriger Tradition unterrichtet. Da drängt sich John Taylor Gatto in seinem Buch *Dumbing us down* jedenfalls die Frage auf, ob das nicht vielleicht sogar gewollt ist. Ungefähr 250.000 Kinder bleiben jedes Jahr sitzen, fünf Prozent bekommen Ritalin, fünf Prozent müssen auf Sonderschulen, ca. sieben Prozent schaffen den Hauptschulabschluss nicht, andere schaffen ihn, können danach aber weder richtig lesen noch schreiben und infolgedessen keine Lehre beginnen. Ein System, das so viel Ausschuss produziert, würde in jeder anderen Branche hinterfragt werden. Das geschieht aber nicht, sondern die Schuld wird den interesselosen und demotivierten Opfern oder deren Eltern gegeben, die die Kinder nicht genügend auf die Schule vorbereitet haben.

Ich selbst gehöre zu den ›Sitzenbleibern‹ und noch immer erschließt es sich mir nicht, warum jemand, der in zwei Fächern nicht gut war, alle anderen Fächer ebenfalls wiederholen soll, anstatt dass er in diesen in seinem gewohnten Klassenverband weiterlernen darf und sozial integriert bleibt. Das ist vor allem für Jungen wichtig, die für ein paar Jahre eine Gruppe brauchen, in der sie sozial heranwachsen. Zum Glück war ich in einem Internat und konnte dort in meiner Gruppe bleiben. Es geht also eine Menge Potenzial verloren. Dass 80 % der Schulversager Jungen sind, liegt nicht am Geschlecht, sondern am Schulsystem.

Der Ausspruch Senecas: *Nicht für das Leben, sondern für die Schule lernen wir*, mit dem er seine Kritik an den damaligen Philosophenschulen zum Ausdruck gebracht hatte, hätte nicht nur in den 60er Jahren seine Gültigkeit gehabt.

Kinder haben eine ungeheuer große Kapazität, sich zu konzentrieren und hart zu arbeiten, wenn sie mit Leidenschaft dabei sind. Die Fähigkeiten, die sie sich auf den Gebieten, an denen sie interessiert sind, aneignen, sind leicht auf andere Gebiete zu übertragen. Unsere Schulen müssen daher mehr Toleranz für individuelle Abweichungen aufbringen und sich auf selbst initiierte Aktivitäten verlassen dürfen.

Die Frage darf aber wohl erlaubt sein, ob unser System Bedarf an Millionen selbstbewusster, kritisch denkender Individuen hat, die sich engagieren und ihre eigenen Bedürfnisse als Individuen und Gemeinschaften frei von den Einflüsterungen und Befehlen des Systems festlegen.

Betrachtet man unser Schulsystem nach den neuesten Erkenntnissen der Hirnforschung, kann man laut Professor Hüther nur zu einer katastrophalen Schlussfolgerung kommen: Man kann andere Menschen nicht unterrichten oder ihnen etwas beibringen oder sie gar bilden. Diese Vorstellungen entstammen dem vorigen Jahrhundert, als man sich darum bemühte, andere Menschen abzurichten, sie also auf bestimmte Aufgaben vorzubereiten, die sie dann auch in der Regel gut erfüllten. So bekam man funktionalisierte Menschen. Solche Menschen bekommt man, wenn man sie gut abrichtet, d. h., sie für ihr Verhalten belohnt oder bestraft. Das nennt man Unterricht oder Erziehung.

## Wenn es nie genug ist

Erfahrungen aus unserer Jugend mit unseren Eltern, Verwandten und Bekannten prägen unser Erwachsenenleben. Selbst im reifen Alter befolgen wir die Gebote und Verbote. Wenn sie von einem wohlwollenden Elternteil stammen, zum Beispiel: »Lass dich nur nicht unnötig hetzen«, sind sie durchaus hilfreich. Andere dagegen sind belastend, einengend und blockierend.

Ziel der persönlichen Entwicklung sollte es sein, dass wir als Erwachsene entscheiden können, ob eine Botschaft und welche Botschaft sinnvoll oder stressauslösend ist. Die amerikanischen Psychologen Taibi Kahler und Hedges Capers arbeiteten fünf grundlegende elterliche Forderungen heraus, die sie als *Antreiber* und *Blockierer* bezeichnen:

*Sei immer perfekt!*
Dies verlangt Perfektionismus und Vollkommenheit. Es ist ein Aufruf zur Überexaktheit und gleichzeitig eine Warnung vor Toleranz.

*Mach immer schnell!*
Diese Aussage fordert, immer alles rasch und schnell zu erledigen. Es ist ein Aufruf zur Hektik und eine verborgene Warnung vor Nähe zum anderen.

*Streng dich immer an!*
Alles geht nur über Leistung und Fleiß. Der Aufruf dabei ist, dass nicht das Resultat, sondern die Leistung zählt. Er warnt vor Sichgehenlassen und Genießen.

*Mach es immer allen recht!*
Der andere ist immer wichtiger als man selbst. ›Dem Frieden zuliebe‹ steht im Vordergrund. Der Auftrag ist, friedlich und freundlich zu sein. Es ist aber auch eine Warnung vor Konflikten und davor, eigene Bedürfnisse anzumelden.

*Sei in jeder Lage stark!*
Dies heißt, sich keine Blöße zu geben, Vorbild zu sein. Es ist ein Aufruf zum Heldentum um jeden Preis und eine Warnung davor, Gefühle zu zeigen.

Die Antreiber beeinflussen unsere Entscheidungen unbewusst und können uns ziemlich zu schaffen machen. Vor allem, *weil* sie uns nicht bewusst sind, können sie uns blockieren und einengen. Im Extremfall sind starke Antreiber dafür prädestiniert, einem Burn-out den Boden zu bereiten.

Sind Sie der Meinung, dass es nie genug ist, was Sie leisten, oder verfolgen Sie Ziele, die Sie nie erreichen können, sind Sie in hohem Maße gefährdet. Geben Sie sich hingegen *innere Erlauber* wie: »Ich kann Fünfe auch mal gerade sein lassen« oder »Gut Ding will Weile haben« oder »Aus Fehlern lerne ich«, stehen Ihre Chancen für einen Burn-out schlecht. Wenn Sie erst einmal dafür sorgen, dass es Ihnen gut geht, sich also zunächst einmal um sich selbst kümmern, werden Sie höchstwahrscheinlich keinem Burn-out erliegen. Nehmen Sie aber die Bedürfnisse anderer wichtiger als Ihre eigenen, stehen die Chancen gut. Ebenso dann, wenn Sie bemerken, dass es so nicht weitergehen kann, Sie sich das aber nicht eingestehen können und weitermachen wie bisher.

Um sich klarer darüber zu werden, welches Ihre eigenen stärksten Antreiber sind, können Sie den Antreibertest machen, den Sie ab Seite 258 finden.

Dieser Test dient nicht zur Einteilung in irgendwelche Schubladen oder Kategorien. Er soll vielmehr helfen, unbewusste Steuerungsmechanismen ans Tageslicht zu bringen, damit Sie klare und bewusste Entscheidungen treffen können, wie Sie sich in bestimmten Situationen verhalten wollen. Da das Testergebnis immer eine Mischung aus verschiedenen Antreibern darstellt, kann es Ihnen auch nur Indizien für stark oder schwach ausgeprägte Glaubenssätze liefern.

Gefühle sind wie Wellen.
Du kannst sie nicht stoppen,
aber du kannst dir aussuchen,
auf welcher Welle du reiten möchtest.
Quelle unbekannt

# Vom Guten im Schlechten

*Wenn ich immer nur das tun würde,*
*was von mir erwartet wird, könnte man*
*Folgendes auf meinen Grabstein schreiben:*
*Mein Leben hat allen gefallen, nur mir nicht.*
Marita Fuchs

Das Verzwickte am Burn-out ist, dass er sich anschleicht wie ein Indianer an das Lagerfeuer von Cowboys, die über ihren großen Viehtrieb debattieren (heute würde man dazu ›Team-Meeting‹ sagen).

Der Indianer muss dabei noch nicht einmal besonders vorsichtig vorgehen. Das geht auch nur, weil die Cowboys unaufmerksam sind. Völlig vertieft in ihre Aufgabe verlieren sie sich selbst aus dem Blick, besonders wenn sie sich über die Probleme ihrer aktuellen Jobs den Kopf zerbrechen. Was natürlich ganz im Sinne des Rinderzüchters ist. Möglicherweise rechnen sie sich aber schon ihren Verdienst aus oder denken daran, was sie sich mit dem Geld alles werden kaufen können. Der ein oder andere mag mit dem Gedanken spielen, vom Boss eines Tages zum Treckführer ernannt zu werden oder eine eigene Viehherde zu besitzen. So hat der Indianer leichtes Spiel – und steht der Cowboy erst einmal am Marterpfahl, ist es meist zu spät, es sei denn, er hieße Old Shatterhand.

Sehr oft sind Menschen vom Burn-out betroffen, die nach außen orientiert scheinbar alles im Griff haben oder meinen, alles im Griff haben zu müssen. Doch wer das Leben im Griff haben möchte, greift ins Leere und bleibt mit leeren Händen zurück – eine Erkenntnis, die in diesem Fall allerdings zu spät kommen kann. Wenn Sie ehrgeizig sind, sich hauptsächlich mit Ihrer Organisation und Ihrer Arbeit identifizieren, Ihren Selbstwert ausschließlich daraus beziehen, darüber hinaus auch noch in hohem Maße selbstkritisch sind und sich Fehler schlecht verzeihen können, dann weisen Sie genau die Charakteristika auf, die bei Menschen mit Burn-out häufig beobachtet werden.

Zeigt ein Mensch Symptome, die in ein definiertes Bild hineinpassen, werden diese als Burn-out bezeichnet und gelten durch eine bestimmte Brille betrachtet in der Regel als Krankheit, die man therapieren muss. Was gemeinhin als Krankheit bezeichnet wird, ist aber auch in diesem Fall nichts anderes als ein vielleicht vorletztes Signal des Körpers, der uns aufzeigen möchte, dass wir vom Wege abkommen oder schon abgekommen sind.

Vielleicht teilt uns der Tinnitus oder der Hörsturz mit, dass wir es nicht mehr hören können, was uns da täglich erzählt wird. Dann sagen wir: »Ich habe eine Krankheit«, oder schlimmer noch: »Ich bin krank.« Dies ist eine Etikettierung, die nie ganz stimmt, da das *ICH BIN* die gesamte Person einschließt. Dieses *ICH BIN* ist zudem eine statische Beschreibung eines Zustandes, in den man sich hineinentwickelt hat. Haben kann man ein Haus oder ein Auto, aber in eine Krankheit entwickelt man sich hinein. Dieses Hineinentwickeln ist ein dynamischer Prozess und wenn dieser möglich ist, kann man sich auch wieder herausentwickeln. Das sollte doch Mut machen.

Vor einem Burn-out gab es also, wie bei jeder schweren Erkrankung, schon manch zarten Hinweis, der aber in der Hektik des Alltags einfach übergangen wurde. Schnell ist ein Beruhigungsmittel, eine Schlaftablette oder ein anderes der zahlreichen pharmazeutischen Helferlein eingeworfen. Doch wie sagt das Sprichwort? Wer nicht hören kann, muss fühlen.

So ist Burn-out also durchaus eine Chance für jeden Betroffenen hinzuschauen, sofern er bereit dazu ist. Burn-out ist eine natürliche Reaktion des Körpers; eine Schutzreaktion, ohne die man am Stress sterben würde. Es ist sicherlich kein Zufall, dass im Chinesischen die Worte ›Krise‹ und ›Chance‹ zwei gleiche Zeichen aufweisen. Das griechische Wort krisis bezeichnet nicht die Hoffnungslosigkeit einer Situation, sondern deren Wendepunkt.

Das, was wir als Problem bezeichnen, ist meist für uns da, sonst hieße es ja Contrablem. In Problemen verstecken sich Lösungen – die allerdings nicht in Geschenkpapier eingewickelt sind, sondern in Arbeitskleidung daherkommen. Wir müssen schon genau hinschauen, um sie letztlich als Geschenke zu sehen. Oft verstreicht viel Zeit, bis wir in der Lage sind, dies zu erkennen. Und dann sagen wir: »Gut, dass das damals passiert ist, ich wäre heute nicht da, wo ich bin.«

Niemand wird von einer Krise hinterrücks überfallen, allenfalls überrascht. Überrascht werden kann aber nur jemand, der vorher nicht hingeschaut hat oder der es vorzog, in einer Illusion zu leben. Es ist das Ergebnis eines Selbstbetrugs. Die Krise dient nun der Wahrheitsfindung und ist damit bereits Teil der Lösung. Sie erzwingt, sich mit dem Wesentlichen zu beschäftigen.

Max Frisch sagte: »Krise kann ein produktiver Zustand sein. Man muss ihr nur den Beigeschmack der Katastrophe nehmen.«

Betrachten Sie Burn-out nicht als Ihren Feind. Er ist kein Drache, den es zu erlegen gilt. Alles, was Sie bekämpfen, gewinnt an Macht. Wenn Sie schon aktiv werden wollen – und dazu ist es wirklich nie zu spät –, dann stecken Sie doch Ihre Energie und Ihre Kraft in die Lösung. Nehmen Sie die Symptome als Herausforderung an, darüber nachzudenken, wofür der Burn-out jetzt in Ihr Leben tritt, oder besser gesagt, wozu Sie ihn in Ihr Leben gelassen haben. Also fragen Sie sich, was das Gute daran ist. Dann werden Sie nicht mehr Opfer sein, sondern können hinter den Sinn des Ganzen kommen. Bewusstheit zu entwickeln, ist die einzige Möglichkeit, einen Burn-out langfristig zu behandeln. Wenn es überhaupt so etwas wie Sinn in Ihrem Leben gibt, dann gilt das nämlich für alles. Durch diese Brille kann man Burn-out durchaus als etwas betrachten, das ein großes Potenzial für Erneuerung und Wachstum in sich trägt.

»Das Problem ist nicht das Problem. Das Problem ist deine Einstellung zu dem Problem. Verstehst du?«, sagt Captain Sparrow, alias Jonny Depp, in dem Film *Fluch der Karibik.*

Sie bemerken sicher schon: Sie haben die Wahl. Der Gewinn einer Krise liegt in jedem Fall darin, dass man die Energie, die noch zur Verfügung steht, vermehren kann. Aus diesem Blickwinkel kann man sagen: Gott sei Dank Burnout.

Ein Mann fand eines Tages ein Stück einer Landkarte und hatte allen Grund anzunehmen, dass es sich um eine Schatzkarte handelte. Er wollte unbedingt den verborgenen Schatz finden und suchte in den nächsten Wochen und Monaten unermüdlich nach den restlichen Teilen der Karte. Vergeblich. Da kam ihm eines Tages die Idee, er könnte doch dem Hinweis auf dem einen Stück der Karte erst einmal folgen. Und siehe da: Dort fand er das nächste Kartenstück, wieder mit einem Hinweis drauf. Und so folgte er immer der Information, die er bereits zur Verfügung hatte, und stieß schließlich auf den lange ersehnten Schatz.

Es mag nicht einmal wichtig sein zu wissen, dass der Schatz sich die ganze Zeit auf seinem eigenen Grundstück befunden hatte. Wichtiger ist vermutlich das, was der Mann daraus gelernt hatte. Nämlich, dass man nicht immer die ganze Landkarte braucht, um loszumarschieren.

## Das Ego

Der beste Wegbereiter eines Burn-out ist unser Ego. Mehr, mehr, mehr! Mehr haben wollen, besser sein als andere, immer mehr Dinge auf einmal tun können, Gewinner sein, sich anstrengen für Anerkennung, stärker sein.

Solche Dinge werden uns von Kindesbeinen an ständig eingetrichtert und sind in einer Konsumgesellschaft Grundvoraussetzung für deren Funktionieren. Wir bekommen vorgelebt, gezeigt und gesagt, dass ein Mensch, der nichts besitzt oder nichts leistet, wenig wert ist. Mehr noch: Man darf sich sogar über ihn lustig machen. (Schalten Sie einmal nachmittags Ihr Fernsehgerät an.)

Irgendwann übernehmen Besitz und Leistungsstreben die Herrschaft über unser Leben, obwohl uns rational durchaus klar ist, dass wir nackt kamen und mit leeren Taschen wieder gehen werden.

Werden wir bei unserer Ankunft auf dieser Welt noch als etwas Wertvolles begrüßt, einfach weil es uns gibt, ändert sich das sehr bald. Schon für kleine Kinder ist es wichtig, wie viele Spielsachen sie besitzen; mit Markenklamotten, Smartphones und anderen angesagten Dingen setzt sich das in der Schule fort. Dass die Industrie mit ihren Werbekampagnen auch die Kleinen nicht im Stich lässt, kann man besonders sonntagvormittags in fast allen Fernsehprogrammen für Kinder verfolgen. Bereits im Alter von drei Jahren wusste die Tochter von Freunden genau, welche Schuhmarke es sein musste; so früh im Leben geht es also schon ums Prestige.

Wer später nicht mithalten kann, ist schnell außen vor: ein nicht zu unterschätzender Stressfaktor. Aus diesem Grunde plädiere ich auch bei uns für die Einführung von einheitlicher Schulkleidung, wie es in vielen Ländern üblich ist. Das Ego kann uns einflüstern, dass unser Wesen an das gebunden ist, was wir besitzen, dass es darum geht, immer mehr zu haben – ein Ego, das wie ein Virus scheinbar unseren gesamten Kulturkreis infiziert hat. Eine der größten Lügen, die daraus resultiert, lautet: Du bist, was du hast.

Neben all den Rufen nach Mehr gibt es eine ebenso tragische Forderung: Immer schneller in immer kürzerer Zeit – der Treibstoff vieler Karrieren. Die Kehrseite ist oft ein Burn-out und schließlich beginnt das Ego uns auch noch einzuflüstern, dass das zum Lifestyle dieses Jahrhunderts dazugehört. Wer bestehen möchte, muss mitmachen. Seinen Wert definiert man über seine Arbeit. Nicht groß ist dann der Schritt, der Versuchung zu unterliegen, sich mit Burn-out richtiggehend zu schmücken. Denn wer Burn-out hat, muss ja Vollgas gegeben haben, wer ausgebrannt ist, muss vorher gebrannt haben. Und heißt es nicht allzu oft: Wer andere anstecken möchte, muss selbst brennen?

Dass auch Arbeit zur Sucht werden kann, wird fast immer übersehen, da kaum etwas gesellschaftlich so anerkannt ist wie Leistung. Man bekommt eine Gehaltserhöhung, darf an Incentives teilnehmen, erhält einen größeren Firmenwagen, wird vor allen anderen Kollegen auf eine Bühne geholt und vom Vorstand gelobt und gefeiert. Das Ego wächst ins Unermessliche – und unterliegt doch einer grandiosen Täuschung. Denn nicht als der Mensch, der man ist, wird man anerkannt und gelobt, vielmehr geht es um die erbrachte Leistung. Morgen steht nämlich ein anderer auf der Bühne.

Was aber, wenn man bereits das tollste Auto besitzt und schon auf allen Firmen-Events dabei war? Was, wenn man in einer seltenen ruhigen Minute tief in seinem Inneren spürt, dass man selbst gar nicht gemeint ist? Spätestens dann kann man sich die Frage nach dem Sinn des Ganzen stellen. Eine gefährliche Frage, auf deren ehrliche Antwort meist zunächst einmal eine große Leere folgt. Schon sie zu stellen ist schwierig, weil uns ebenfalls von Kindesbeinen an beigebracht wurde, worauf es ankommt. *Oh, mein Sohn konnte schon mit elf Monaten sprechen. Er ist schon mit drei ohne Stützräder gefahren. Meine Tochter spielte schon mit fünf Jahren Klavier ...*

Das hat uns Lob eingebracht und wir lernten, dass es Sinn ergibt, Dinge zu tun, die andere toll finden. Früh wurden wir also mit dem Leistungsprinzip unserer Gesellschaft vertraut gemacht. Das Ego begriff sehr schnell, wie alles funktioniert; bald flüsterte es uns ein, wie besonders wir sind, weil wir dieses oder jenes leisten. Das wurde dann zu unserem persönlichen Mantra. Eine fast natürliche Reaktion darauf ist, dass wir damit begannen, uns mit anderen zu vergleichen. Falls es unsere Eltern nicht schon taten. *Schau doch mal, wie schön Karl das macht ... Sabine kann das aber schon besser ... Fritz hat aber eine Zwei in Mathe.*

Unser Bildungssystem schließt sich nahtlos an. Wir erhalten Noten für unsere Leistung, wir bekommen Fleißkärtchen oder für gute Noten Geld von den Eltern und wenn wir durch eine Prüfung fallen, fühlen wir uns als Versager. Einem Kind Geld für eine gute Note zu geben ist allerdings fatal. Es lernt, dass es Leistung nur gegen Geld gibt, nicht aus sich heraus aus Freude am Tun, und was noch schlimmer ist: Man sagt dem Kind damit implizit, dass es von alleine, ohne diesen Anreiz, nicht in der Lage gewesen wäre, eine gute Note zu schaffen. Außerdem macht es das Kind abhängig von dem Menschen, der es belohnt. Was ist, wenn es den nicht mehr gibt?

Und dann ›macht‹ das Ego noch etwas: Es redet uns ein, die Sichtweise anderer sei wichtiger als unsere eigene Meinung über uns selbst. Unser Selbstwert wird dadurch abhängig von der Auffassung der anderen. Da wir unsere Eltern oder unsere Lehrer liebten und achteten, glaubten wir, dass ihre Meinung über uns mehr wert sei als unsere eigene. Echtes Selbstbewusstsein kann aber nie aus der Denkweise anderer erwachsen. Ein selbstbewusster Mensch nimmt die Anschauungen und Meinungen anderer als das, was sie sind: einfach als deren Art und Weise, die Welt zu sehen.

> »Die ganze Psychologie ist darauf aus, das Ego zu stärken. Selbst die Psychologen, diese Tore, behaup-

> ten: Man braucht ein starkes Ego! Darum ist die ganze Erziehung nur ein Programm, das mittels Strafe und Belohnung Ehrgeiz erzeugt, um dich in eine bestimmte Richtung zu drängen.
> Von Anfang an setzen deine Eltern viel zu große Hoffnungen in dich. Sie meinen, sie hätten vielleicht Alexander den Großen zur Welt gebracht und ihre Tochter sei nichts weniger als die wiedergeborene Kleopatra. Von Anfang an wirst du von deinen Eltern konditioniert: Du musst dich beweisen, sonst bist du nichts wert – ein Taugenichts. Ein einfacher Mensch gilt als Einfaltspinsel.« (Osho)

Von Beginn an wird uns gesagt, dass aus uns etwas werden soll, dabei sind wir bereits jemand, wenn wir diese Welt betreten. Also kann es im Leben doch lediglich darum gehen, sich wohlzufühlen, zu sein, der man ist, und genau das zu akzeptieren. Auch dies finden wir als Aufforderung bereits in der Bibel, wenn es dort heißt: »Liebe deinen Nächsten wie dich selbst.« Dort steht ja nicht: »Liebe deinen Nächsten anstatt deiner selbst.«

Das Ego wird aber ständig von dem Wunsch gespeist, anders zu sein, und deshalb niemals satt. Es kann gar nicht satt werden, da es immer jemanden geben wird, der reicher, schöner, intelligenter, stärker oder schlauer ist als man selbst. Dieses Drama setzt sich bis in unsere Beziehungen fort. Eine der größten Süchte unserer Zeit ist – neben der Habsucht – die Eifersucht. Der eifersüchtige Partner glaubt, jemand anderer könne besser oder attraktiver sein als er selbst. Gehören auch Sie dazu? Dann verrate ich Ihnen ein Geheimnis: Es gibt sehr viele Menschen auf diesem

Planeten, die schöner, schlauer oder in einem oder mehreren Belangen besser sind als Sie. Eifersucht entspringt einem geringen Selbstwert. Also hören Sie damit auf, sich mit anderen zu vergleichen – jetzt und auf der Stelle. Sie tun sich und Ihrem Partner damit einen Gefallen.

Wenn Sie nämlich weitermachen, kann es sein, dass Ihr Partner Ihre Idee, jemand anderer könne besser sein, aufgreift. Implizit sagen Sie ihm nämlich, er habe sich bei der Partnerwahl getäuscht. Was das bedeutet, muss ich Ihnen wohl nicht erklären. Eifersucht entsteht aus dem Glauben, man selbst sei unvollständig und brauche eine andere Person, um ganz zu sein. Man vermittelt ihr, dass man ohne sie nicht leben kann. Beantworten Sie sich selbst die Frage, ob man das, was man braucht, wirklich lieben kann.

Mangelnder Selbstwert entsteht, wenn man in der Kindheit als die Person, die man war, nicht wertgeschätzt und bei Eigeninitiative nicht unterstützt wurde. Alle möglichen Leute haben versucht, Sie in eine Form zu pressen; es ist unglaublich anstrengend, diese auch ständig zu wahren. Das kostet Kraft. Hätte Gott jemand anderen erschaffen wollen, wäre das ein Leichtes für ihn gewesen. Er hat aber Sie geschaffen, genau so wie Sie sind.

Schon einem Kind bringt man bei, sein Denken und seine Gefühle unter Kontrolle zu halten, seine Fantasie und seine Instinkte zu überdecken und zu unterdrücken. Man lehrt das Kind somit zu lügen. Nicht hingegen bringt man ihm bei, dass es sich nur selbst retten kann, ebenso wenig lernt es, wie es dabei vorgehen muss. So warten ganze Völker auf einen Messias, der sie erlöst, Menschen suchen die Rettung bei Gurus, spirituellen Lehrern oder bei einem Partner. Was aber, wenn auch dieser jemanden sucht, der ihn befreit?

Dann wird es kompliziert. Irgendwann, nach Verlust der rosaroten Brille, merkt man, dass man wohl zu hohe Erwartungen hatte, und ist enttäuscht. Der Partner passt einfach nicht mehr in das Bild, das man sich von ihm gemacht und in das man sich verliebt hat. Statt aber diese Enttäuschung als das anzuerkennen, was sie ist – nämlich eine Ent-Täuschung, für die man ganz alleine die Verantwortung hat –, und aus diesem Traum aufzuwachen, ist man böse auf den anderen und wird ungerecht. Du hast dich so verändert, wird dann oft als Vorwurf ausgesprochen. Nicht aber der Partner hat sich verändert, sondern unser Bild. Da das, was wir aussenden, zu uns zurückkommt, wird jetzt daraus eine fatale Spirale, die entweder in der Trennung oder einem unerfüllten, resignierten Nebeneinander endet.

Das vielleicht Fatalste, das uns unser Ego einredet, ist, dass wir getrennt sind. Es sagt uns, wir seien Individuen und getrennt von den Mitmenschen und der *Um-Welt.* Ständig müssen wir unser Bessersein demonstrieren und, noch schlimmer, wir bedienen uns einfach überall, wie Egoisten das eben tun. Ohne Rücksicht auf anderes Leben, mit dem wir diesen Planeten teilen, beuten wir die Natur aus und denken dabei nicht einmal an unsere Nachkommen. Hauptsache, uns geht es gut, Hauptsache, wir bekommen immer mehr und mehr. Wäre uns bewusst, dass wir ein Teil von allem sind, und könnten wir uns wirklich eingebunden fühlen in dieses Ganze, so kämen wir auf völlig andere Ideen. Wenn wir das Verbundensein mit allem in seiner ganzen Wahrheit begreifen würden, gäbe es ab sofort keine Feinde mehr. Kriege wären überflüssig.

Es gibt ein indianisches Sprichwort, das sagt: Kein Baum hat Zweige, die so dumm sind, gegeneinander zu kämpfen.

Und in den Upanischaden heißt es: Wenn ein Mensch verstanden hat, dass das Selbst in allen Dingen wohnt, welche Sorge, welches Problem kann es da noch für ihn geben, der in diesem Einssein lebt?

Würden wir dieses Verbundensein in seiner vollkommenen Konsequenz verstehen und auch leben, gäbe es keine bestialische Massentierhaltung. Wir würden keine Tiere missbrauchen, nur damit wir ein besseres Shampoo oder Sonnenspray bekommen. Wir wüssten, dass alles eins ist und wir lediglich ein Teil davon sind.

Eines kann man dem Ego sicher nicht absprechen: seinen Erfindungsgeist. Zu den größten Erfindungen des Egos gehört ein Gott, der – raten Sie mal – natürlich außerhalb von uns existiert. Unzählige Kriege wurden und werden deswegen immer noch geführt. *Für Gott und Vaterland* hieß so mancher Schlachtruf und *Gott mit uns* stand auf den Koppelschlössern der Soldaten von Reichswehr und Wehrmacht. Glauben Sie allen Ernstes, ein Gott wollte, dass seine Kinder sich gegenseitig umbringen? Was soll das für ein Vater sein? Muss ein gläubiger Soldat nicht denken, dass Gott auch an der Seite der Gegner steht? Weder der christliche noch ein anderer Gott können wirklich wollen, dass ihre Kinder andere Menschen in ihrem Namen umbringen.

So aufgeklärt, wie sie immer vorgibt zu sein, ist die Menschheit also gar nicht. Dieser allmächtige Supermann, der nach Gutdünken unsere Probleme lösen oder uns bestrafen kann, je nachdem, wie brav wir nach seinen Gesetzen und Regeln leben, der jede unserer Handlungen, ja jeden unserer Gedanken voraussehen kann, diese himmlische Super-NSA, die ständig über uns schwebt, hält uns in immerwährender Abhängigkeit. Laut christlicher Lehre opferte er sogar seinen eigenen Sohn für uns. Verpflichtet das nicht zu größter Dankbarkeit und Ehrfurcht? In dem Wort Ehrfurcht steckt das Wort Furcht. Man sollte sich doch vor jemandem fürchten, der seinen eigenen Sohn opferte. Dieser Gott entspricht aber vollkommen den Bedürfnissen des Egos: Manipulation, Macht, Wettbewerb, Vergleich, Leistung, Rechthaben und Getrenntsein.

Mata Amritanandamayi sagte einmal: »Gott außerhalb zu suchen, ist ungefähr so, als versuche man, einen Fisch zu fangen, indem man den Ozean ausschüttet. Daher schaut nach innen.« Wir könnten diese Welt erhalten, wenn wir anfangen würden, selbstständig zu denken, statt den Versprechungen der Religionen zu glauben, nach dem Tod kämen Seligkeit und das ewige Paradies. Soll das etwa heißen, dass das Leben vorher unwichtig ist? Dass es lediglich ein gehorsam geduldiges Vorbereiten auf die Zeit danach ist? Bei Lukas 6,20 heißt es: Selig seid ihr Armen, denn das Reich Gottes ist euer. Und bei Matthäus 5,3 sogar: Selig sind die geistig Armen, denn ihnen ist das Himmelreich.

Sich geistig zu entwickeln und damit Bewusstsein zu erlangen versperrt also den Zugang zum Himmel? An anderer Stelle steht: Eher geht ein Kamel durch ein Nadelöhr als ein Reicher in das Reich Gottes gelangt, oder: Man kann nicht Zweien dienen, Gott und dem Mammon (Geld). Würden die Kirchen das Letztere mal auf sich selbst beziehen!

Jahrtausendelang wurde uns auf die ein oder andere Art Angst vor der Hölle, die wir auch noch in allen schrecklichen Einzelheiten geschildert bekommen, eingebläut, ohne dass wir merkten, dass wir diese bereits oberhalb der Erde geschaffen hatten. Ein wahrlich schlaues Geschäft, die Menschen am Gängelband zu halten: »Wenn du nicht glaubst, was wir predigen und dich nicht danach verhältst, wirst du ewig in der Hölle schmoren.«

Machen Sie sich einmal das Wort *ewig* bewusst. Ohne Ende und ohne jede Hoffnung sollen wir leiden und büßen. Welch arglistige Verheißung! Einem Menschen jede Hoffnung auf Erlösung zu nehmen, ist so ziemlich das Schlimmste, was man ihm antun kann. So wird alles drangesetzt, dass wir uns schuldig fühlen. Dieses Gefühl wiederum schafft die Haltung: Ich bin schlecht.

Was das alles für die Köpfe kleiner Kinder bedeutet, in die man solch schreckliche Lehren hineinstopft, kann man nicht einmal ansatzweise erahnen. Was man ihnen in jungen Jahren eintrichtert, werden sie ihr Leben lang nicht mehr los. Man kann das ganz leicht an sich selbst beobachten. Selbst wenn Sie als Erwachsener kritisch der Kirche gegenüber eingestellt oder gar Atheist geworden sind, waren Sie ja als Kind in der Regel kirchlich geprägtem Religionsunterricht unterworfen.

Als ich vor Kurzem im Rahmen einer Besichtigung des Klosters Maria Laach mit einer meiner Ausbildungsgruppen in die dortige Kirche kam, bemerkte ich, wie wir alle automatisch die Stimme senkten, obwohl die Kirche zu diesem Zeitpunkt leer war. So würde man sich in keinem anderen Raum verhalten, in dem niemand anwesend ist. Dieses Verhalten wird man nicht los, es sei denn, man konfrontiert es bewusst. Ich finde es ebenfalls seltsam, dass Priester mit ›Hochwürden‹ angesprochen werden, und zwar nicht nur, weil wir immer wieder über unwürdiges Verhalten auch von höchsten Kirchenmännern informiert werden.

Das Elend auf dieser Welt – meist von Religionskriegen hervorgerufen – ist doch Beweis genug dafür, dass es den ›Lieben Gott‹ außerhalb von uns nicht geben kann. Die Menschheit verhält sich aber wie ein Kind, das viel mehr Freude daran hat, den Turm umzustoßen, den es mühsam aufgebaut hat. Wäre es nicht sehr erleuchtet zu erkennen und danach zu handeln, dass wir alle Teil einer Schöpfung sind, die wir dann auch Gott, Allah oder Jahwe oder wie auch immer nennen können? Wenn wir wüssten, dass wir die Schöpfer sind und damit auch verantwortlich? Wäre es nicht wundervoll, wenn wir erwachsen wären?

## Fehlermachen will gelernt sein

Immer häufiger wird die Persönlichkeitsstruktur eines Menschen als Ursache für einen Burn-out gesehen. Man hat festgestellt, dass es vor allem diejenigen trifft, die hohe Ansprüche an sich selbst haben: Menschen, die alle Aufgaben perfekt erledigen wollen und gleichzeitig nicht selten ein eher schwach ausgeprägtes Selbstwertgefühl haben; die sich selbst eher wenig zutrauen und mit Kränkungen, Enttäuschungen oder Frust nicht gut umgehen können. Ihnen fehlen geeignete Bewältigungsstrategien.

Gleichzeitig möchten sie von allen geliebt und akzeptiert werden. Sie haben ein großes Harmoniebedürfnis und schaffen es nur selten, Nein zu sagen. Darüber hinaus tun sie sich meist schwer damit, Kompromisse einzugehen oder Aufgaben abzugeben. So entsteht leicht ein Widerspruch zwischen den eigenen Ansprüchen und den Möglichkeiten, die das Leben bietet. Oft leiden sie unter dem Gefühl, sich stark zu verausgaben, ohne eine entsprechende Gegenleistung zu erhalten. Viele haben außerdem nicht genügend sachliche und emotionale Distanz zu ihrer Arbeit. Sie identifizieren sich sehr stark mit ihrem beruflichen Erfolg; Misserfolge treffen sie bis ins Mark. Fehler verzeihen sie sich nicht, da ihnen ihr hoher Perfektheitsanspruch im Wege steht.

Ich kann Ihnen nur empfehlen, Fehler zu machen, da wir nur aus Fehlern lernen. Hier ein paar Beispiele von Menschen, die angeblich versagt haben.

**Michael Jordan** wurde von der Highschool Basketballmannschaft geworfen. Er sei zu untalentiert.
**Albert Einstein** wurde von der Eidgenössischen Technischen Hochschule Zürich (ETH) geworfen, weil er angeblich zu dumm war.
**Thomas Edison**, dessen Eltern zu arm für die Schule waren, war Inhaber von mehr als tausend Patenten.
**Walt Disney** wurde von einer Zeitung gefeuert, da er zu wenig Vorstellungsvermögen habe. Klar, für Micky Maus braucht es auch keine Fantasie.
**Abraham Lincoln** hat acht Mal die Wahlen verloren.
**Die Beatles** erhielten zunächst keinen Plattenvertrag mit der Begründung, Gitarrensound und Boygroups seien out.
**Joanne K. Rowlings** Harry-Potter-Manuskript wurde 15 Mal abgelehnt, weil es zu lang sei.
**Oliver Kahn** wurde von seinen Jugendtrainern abgelehnt mit der Begründung, er habe keine Profi-Perspektive.
**Steve Jobs** hat sein Unistudium abgebrochen.
**Günther Jauch** brach sein Studium ab.
**Anke Engelke** ist Studienabbrecherin.
**Julian Assange** und **Bill Gates** gehören ebenfalls zu den Studienabbrechern.

**Mick Jagger**, der sowohl Schule als auch Studium geschmissen hat, ist heute Ehrenpräsident der Londoner Wirtschaftsuni.
**Vincent van Gogh** brach sein Studium ab.
**Mark Zuckerberg** (Facebook) brach sein Studium ab und wurde später der jüngste Milliardär der Welt.
**Gwyneth Paltrow**, die in der Schule schlechte Noten schrieb und das Studium abgebrochen hat, ist heute berühmte Hollywood-Schauspielerin.
**Stefan Raab** schloss als bester Metzgerlehrling seines Jahrgangs ab und brach sein späteres Studium ab.
**Brad Pitt** hat sein Studium abgebrochen aufgrund eines Werbeauftritts als Werbehähnchen eines Schnellimbisses.
**Herbert Grönemeyer** brach sein Musikstudium ab.
**Richard Gere** hat sein Studium geschmissen.
**Wolfgang Joop** hat keinen Abschluss.
**Ferdinand Alexander Porsche** wurde von der Uni geschmissen.
**Wim Wenders** hat die Aufnahmeprüfung an der Kunsthochschule Paris nicht bestanden.
**Eric Clapton** wurde wegen mangelnder Leistung vom Kingston College of Art gefeuert.
**Roland Emmerich** hat keinen Abschluss gemacht.
**Til Schweiger** ist Studienabbrecher.
**Steven Spielberg** schmiss 1968 sein Filmstudium. Dann, 34 Jahre später, holte der fünffache Ehrendoktor seinen Bachelor-Abschluss nach. Ja, auch das geht!
**Jürgen Drews** hat sein Medizinstudium geschmissen.
**Charles Darwin** brach sein Studium ab.
**Leo Tolstoi** beendete sein Studium nicht.
**Friedrich Nietzsche** ist Studienabbrecher.

Diese Liste ließe sich sicher fast endlos weiterführen. Gott sei Dank. Was wäre uns entgangen, hätten all diese Menschen aufgegeben oder sich abhängig gemacht von den Beurteilungen anderer? Hätten sie ihren Selbstwert aus den Meinungen anderer bezogen und sich von Misserfolgen entmutigen lassen? Hätten sie sich nach jedem Fehler selbst niedergemacht und wären sie nach der ersten Niederlage schon liegen geblieben? Immer den gleichen Fehler zu machen, zeugt allerdings von geringer Reflexionsfähigkeit. Es gibt genügend neue, die man begehen kann. Wenn du hinfällst, steh auf, richte dein Krönchen und mach weiter.

Alle erfolgreichen Menschen haben Fehler gemacht und aus ihnen gelernt. Wenn man als Kind aber wiederholt ermahnt worden ist, nur nichts falsch zu machen, ist man irgendwann ängstlich – und damit festgefahren. Wenn Ihr innerer Antreiber ›sei perfekt‹ lautet, was Sie durch den Test am Ende des Buches herausfinden können, wissen Sie, wovon ich spreche. Was heute falsch ist, kann doch morgen richtig sein; das Leben ändert sich ständig. Die genannten Beispiele können doch nur dazu ermutigen, Fehler zu machen und sich über seinen wahren Wert und eigene Begabungen klar zu werden. Daraus entsteht Selbstbewusstsein. Nur indem man sich viele Male verirrt, lernt man, sich nicht mehr zu verirren. Von Chandra Mohan Jain, der später unter dem Namen Bhagwan bekannt wurde, wird erzählt, dass er, als er bei seiner Bewerbung als Professor für Philosophie an der Universität in Jabalpur nach einem Zeugnis gefragt wurde, geantwortet haben soll, er könne gerne eines schreiben, da er sich ja wohl selbst am besten beurteilen könne. Er bekam die Stelle.

# Behandlungsformen

*Habe keine Angst, etwas Neues zu versuchen.
Amateure haben die Arche gebaut und
Profis die Titanic.*
Pierre Franckh

Die medizinisch gesehen korrektere Diagnose für einen Burn-out lautet *latente Depression oder Erschöpfungssyndrom*. Diese hat aber eher den Beigeschmack der Überforderung: Man hat es ›nicht geschafft‹. Welches Ego würde sich das gern eingestehen? Positiv an der Diagnose Burn-out ist: Die Hemmschwelle, jemandem davon zu erzählen, ist wesentlich geringer als zuzugeben, dass man eine Depression hat. Burn-out ist weniger tabuisiert, genießt sogar oft gesellschaftliche Anerkennung.

Laut FAZ vom 25.11.2014 zeichnet sich allerdings in der Debatte um Burn-out eine Kehrtwende ab. Nach neuesten Daten der Krankenkasse DAK sind die dadurch verursachten Krankschreibungen im Jahr 2013 um ein Drittel zurückgegangen. Die Krankschreibungen wegen Burn-out nehmen ab, diejenigen mit der Diagnose Depression nehmen allerdings zu. Die DAK nennt als Grund für diese überraschende Entwicklung einen offeneren Umgang von Ärzten und Patienten mit dem Thema Burn-out als Folge einer zunehmend differenzierteren Diagnosepraxis.

Irgendwann ist das Ego also an einem Punkt angelangt, an dem es nicht mehr kann. Es gibt auf – und dies ist im Grunde die Chance. Aus diesem Moment der Niederlage kann man erwachen und den Sinn im Leben finden. Aber wie sehen klassische Behandlungen aus? Sie versuchen, die Symptome zu behandeln. Der Arzt wird zu einer Auszeit raten, vielleicht ein wenig Sport an der frischen Luft empfehlen oder seinen Patienten zu einer mehrwöchigen Kur schicken. Die Krux daran ist: Wenn der Betroffene dem Rat der Ärzte folgt und einige Zeit zu Hause bleibt, sind die Ursachen nicht behoben.

Was soll ein auf Karriere ausgerichteter Mensch, der immer auf Hochtouren gelaufen ist, zu Hause in seinen vier Wänden? Allenfalls kann sich auf diese Weise daraus eine handfeste Depression entwickeln. Es sei denn, der Betroffene säße nicht nur herum, sondern richtete sich und sein Leben neu aus, indem er sich auf die Reise zu seinem wahren Selbst begäbe.

An dieser Stelle möchte ich nicht unerwähnt lassen, dass ein großer Discounter Wellness- und Yoga-Outfits in sein Wochenangebot aufgenommen hat – für Frauen. Für Männer hingegen gab es Work-out Bekleidung. Work out bedeutet übersetzt: trainieren, ausarbeiten, funktionieren, Erfolg haben, etwas herausarbeiten. Offenbar scheint es für Frauen akzeptabler zu sein, sich ab und zu eine Auszeit zu nehmen und sich zu entspannen. Männer hingegen müssen Stärke zeigen, auch in ihrer Freizeit weiter arbeiten – an ihrem Körper und somit im Außen. Nur um ihr Inneres, um ihr Selbst sollen sie sich offenbar nicht kümmern.

Zum Glück lässt sich jedoch hier ein Wandel feststellen. Diesen kann ich beispielsweise an der Zusammensetzung der Teilnehmer an den Burn-In-Seminaren auf Korfu beobachten, deren zentrale Themen Entspannung, das Abschalten vom Alltag und Meditation sind. Kamen vor noch 20 Jahren fast ausschließlich Frauen dorthin, nahm die

Anzahl der Männer im Laufe der Jahre kontinuierlich zu. 2014 waren genauso viele Männer wie Frauen in den Seminaren.

## Emotional und intelligent

Dass ein gesunder Lebensstil mit genügend Schlaf, ausgewogener Ernährung, ausreichend Bewegung und bewussten Ruhephasen, in denen Computer, Fernseher oder Smartphone ausgeschaltet bleibt, essenziell für die körperliche Regeneration sind, wird jedem einleuchten. Dass man damit einem Burn-out möglicherweise vorbeugen kann, ebenfalls.

Viel wichtiger allerdings ist ein reflektierter und auf Wertschätzung beruhender Umgang mit sich selbst und seinen Mitmenschen. Ein Mitarbeiter, dessen Arbeit geschätzt wird und der sein Aufgabenpensum in einem freundlich kollegialen Umfeld bewältigen kann, bleibt eher gesund und erledigt seine Arbeit mit mehr Freude. Davon profitiert jedes Unternehmen. Sobald Werte und Wertschätzung wieder einen Wert darstellen, wird dies noch mehr zum Wettbewerbsfaktor: Wer Wertschöpfung will, muss Wertschätzung geben, sei es in Form von konkurrenzfähigen Löhnen, guter Führung, Entwicklungsmöglichkeiten und/oder sinnstiftender Kultur. Das müsste sogar ein Dauertrend werden, denn je weiter die Wissensökonomie voranschreitet, desto mehr werden die Unternehmen von den Köpfen ihrer Mitarbeiter abhängen. Und eines dürfte klar sein: Wer sich wertgeschätzt fühlt, identifiziert sich mit seiner Organisation und erträgt mehr Druck und Stress, ohne gesundheitlichen Gefahren wie einem Burn-out zu erliegen.

Intelligenz steht in unserer Gesellschaft normalerweise für Bildung, Verstand, Leistung und Karriere. Im zwanzigsten Jahrhundert galt der Intelligenzquotient (IQ) als Maßstab für Erfolg, Geld und Macht. Als intelligent wurde ein Mensch angesehen, der einen Computer programmieren konnte oder sein Abitur oder Hochschulstudium mit der Bestnote abgeschlossen hatte.

Mit Emotionen verbinden wir Liebe und Hass, Wut und Trauer, Angst und Freude, Zorn und Glück. Manche Menschen lassen sich von ihren Gefühlen schnell überwältigen, andere hingegen haben sie gut im Griff. Wieder andere haben gar keinen oder minimalen Zugang.

Wir alle wissen, dass es etwas in uns gibt, das wir vielleicht als Intuition bezeichnen können, wo also Denken und Fühlen noch zusammengehören. Forscher wollen inzwischen sogar ein ›Bauchgehirn‹ gefunden haben. Könnte dies der Sitz unserer emotionalen Intelligenz sein? Die Hirnforschung weiß längst, dass es überhaupt keinen mentalen Akt und keine geistige Leistung gibt, die getrennt von Emotionen abläuft. Unser Gehirn ist so aufgebaut, dass alles auf das Engste miteinander vernetzt ist. Das, was wir als Gefühl bezeichnen, als Intelligenz oder geistige Tätigkeit, existiert niemals für sich allein.

Die Wissenschaft kommt mit der Vermessung des menschlichen Gehirns immer weiter voran; im Computertomogramm wird die Aufteilung unseres zentralen Steuerorgans sichtbar. Wir wissen heute, dass das Stammhirn für unsere essenziellen Lebensfunktionen wie Herzschlag, Blutdruck und Atmung zuständig ist, ebenso für unsere Reflexe und andere unbewusste Prozesse. An das Stammhirn schließt sich das Zwischenhirn an, wo der

Thalamus als Tor zum Bewusstsein seinen Sitz hat. Hier wird entschieden, welche Sinneseindrücke ins Bewusstsein dringen. Das Kleinhirn sorgt für Gleichgewicht und koordiniert all unsere Bewegungen. Mittelhirn, Pons und verlängertes Rückenmark bilden das emotionale Gehirn und befähigen uns, abstrakt zu denken, ein bewusstes Selbst und ein komplexes Gefühlsleben zu entwickeln. Etwa 100 Milliarden Nervenzellen (Neuronen) sind die Informationselemente des Gehirns. Dieses ist also nichts anderes als das Steuerzentrum für Wissen, Wahrnehmungen und Gefühle. Dies ist der heutige Stand der Wissenschaft.

Ich bin mir sicher, dass es auch in diesem Bereich zukünftig noch viele neue Erkenntnisse geben wird. Ein Defekt im Gehirn betrifft nicht nur das Denken, sondern auch das Fühlen. Nach einer Hirnverletzung entwickeln Menschen oft die Fähigkeit, mit dieser Katastrophe fertig zu werden, indem sie sich selbst motivieren und sich neue Ziele setzen. Die Gesamtgestaltung des neuen Lebens – für sie unter völlig neuen Rahmenbedingungen – ist ein typisches Beispiel von emotionaler Intelligenz. Von solchen Menschen können wir viel lernen. Wer das Glück hat, gesund zu sein, sollte dies schätzen, bewusster im Hier und Jetzt leben und sich an den unmittelbaren Dingen erfreuen.

Wenn wir auf die Welt kommen, besitzen wir genetische Programme, die uns kennzeichnen. Eine große Zahl von Verbindungen zwischen Nervenzellen ist bereits vorhanden, die ›synaptischen Kontakte‹. Damit sie verwirklicht werden, ist es notwendig, dass die synaptischen Verbindungen zwischen Nervenzellen durch Erfahrungen bestätigt werden. Bis vor Kurzem glaubten die Wissenschaftler noch, dass das Gehirn in seiner Struktur dann endgültig festgelegt ist. Man ging weiterhin davon aus, dass sich mit dem Alter die Leistungsfähigkeit dieses Neuronennetzwerkes verschlechtere. Heute wissen die Neurowissenschaftler dass zwar viele Nervenverbindungen im Laufe unseres Lebens zerstört werden, wir aber auch in der Lage sind, ständig neue Verbindungen zu entwickeln. Unsere geistigen Fähigkeiten werden letztlich durch die Nervenverbindungen bestimmt.

Bereits während der Schwangerschaft beginnt für den jungen Menschen die emotionale Schule. Das Ungeborene fühlt, ob die Mutter Glück und Zufriedenheit oder aber Ärger empfindet. Das Kind spürt im Mutterleib, ob es gewollt ist oder nicht, ob die Mutter unter emotionaler Belastung steht oder ob sie sich auf ihr Kind freut. Es weiß, ob es auf dieser Welt willkommen ist. Die Ängste der Mutter fühlt es ebenso wie ihre Hoffnungen. Da es eine Einheit mit seiner Mutter bildet, werden ihre Gefühle zu seinen eigenen. Dieser Umstand ist prägend für sein weiteres Leben.

Die emotionale Entwicklung eines Kindes ist einer der wichtigsten Faktoren für seine spätere Lernfähigkeit. Ein Säugling wird mit den wichtigsten Nervenverbindungen geboren, die er braucht, um am Leben zu bleiben. Er kann die wichtigsten Körperfunktionen steuern, kann aber noch keine Objekte oder Gesichter erkennen. Diese Fähigkeit entwickelt er erst im Laufe der Zeit. Mit jeder neuen Erfahrung, die ein Säugling macht, entstehen neue Nervenverknüpfungen und bestimmen damit die spätere Architektur des kindlichen Gehirns. Kurz gesagt: Sobald das Kind seine Umwelt erobern kann, muss es seine eigenen Erfahrungen machen dürfen. Hat es einmal probiert, dass ein Regenwurm schlecht schmeckt, prägt sich das im Gehirn des Kindes mehr ein als hundert Verbote. Dennoch gehört zur emotionalen Beziehung auch, dem Kind Grenzen zu setzen und es zu lehren, mit einem Nein umzugehen, besonders dann, wenn für das Kind Gefahr im Verzug ist.

Kinder, die emotional intelligente Eltern haben, kennen ihre Gefühle, lassen sich nicht von ihnen beherrschen und wissen um die Emotionen anderer. Auch mit Frustration werden sie leichter fertig. Es gelingt ihnen, sich auch nach einer Niederlage wieder selbst zu motivieren und das nächste Mal in einer ähnlichen Situation vielleicht anders zu reagieren. Großeltern, Vater, Mutter, Geschwister und Freunde sind Vorbilder, die ein Kind emotional prägen. Emotionale Qualität erwirbt und erlernt man am besten wie die Muttersprache, das heißt ganz selbstverständlich und intuitiv durch Nachahmen, Ausprobieren und Weiterentwickeln. So darf ein Kind im Idealfall neben all dem Angenehmen lernen, dass es Schwierigkeiten geben kann, wenn Menschen zusammenleben, und wie man dann mit diesen umgeht.

Oft haben Kinder scheinbar alles und gehören dennoch zu den Ärmsten unserer Gesellschaft. Sie leiden unter Wohlstandsverwahrlosung – ein Begriff, der in den 90er Jahren von der Schweizer Psychologin Ulrike Zöllner in dem Buch *Die armen Kinder der Reichen* populär gemacht wurde. Diesen Kindern fehlt es materiell zwar an nichts und sie können durch Frühförderung schon mit drei Jahren zählen und buchstabieren. Sie halten es für völlig normal, dass ihnen die Eltern unangenehme Aufgaben abnehmen, mit ihren emotionalen Wünschen und Bedürfnissen aber werden sie alleingelassen. Das ist eine emotionale Verwahrlosung, die oft nicht erkannt wird. Das schöne

Zuhause, Fernseher und Computer auf dem Zimmer, das tolle Fahrrad, mehrmals Urlaub im Jahr, eine Putzfrau oder eine Mutter, die das Zimmer aufräumt, Nachhilfelehrer und selbstverständlich ein Smartphone – da kann man doch kaum von Verwahrlosung sprechen. Normalerweise stellt man sich unter diesem Begriff verdreckte und bettelnde Kinder in katastrophalen Wohnverhältnissen vor. Doch auch Kinder aus wohlhabenden Verhältnissen können sehr arm sein – innerlich arm. Es fehlt ihnen an Zuwendung durch die Eltern, an Zeiten, in denen ihnen einfach nur zugehört wird, an Interesse an ihrem Leben, Fühlen und Denken und vor allem mangelt es ihnen an Zuneigung.

Eltern, die keine Zeit mehr für ihre Kinder haben, versuchen das häufig durch materielles Verwöhnen auszugleichen. Oft leben Kinder, die unter Wohlstandsverwahrlosung leiden, in einer nach außen hin intakten Familie, in der schon das große Schweigen zwischen den Eltern herrscht. Typische Verwöhnfallen können sich aber auch aus anderen Situationen ergeben: Eltern, die durch eine Trennung in einen materiellen Wettstreit treten, berufstätige Mütter oder auch alleinerziehende Väter, die versuchen, ihr schlechtes Gewissen zu beruhigen. Eltern, die das alles selbst erfahren haben, versuchen sich die Liebe ihrer Kinder zu kaufen, weil sie Angst davor haben, ein Nein könnte Liebesentzug durch das Kind zur Folge haben.

Selbstverständlich haben nicht alle Eltern mit hoher Arbeitszeitbelastung und Einkommen automatisch ein wohlstandsverwahrlostes Kind zu Hause. Denn nicht jeder, der wenig Zeit für sein Kind hat, lässt dieses emotional verkümmern. Wichtig ist die Qualität der Beziehung und wie die gemeinsame Zeit erlebt wird. Auch Eltern, die viele

Stunden am Tag mit ihren Kindern gemeinsam verbringen, können dennoch ihre Kinder emotional verhungern lassen, vor allem, wenn diese Zeit vor dem Fernsehgerät verbracht wird.

Zu den Grundbedürfnissen eines Kindes gehören nicht nur Essen, Trinken, saubere Kleidung und ein Dach über dem Kopf, sondern auch die Befriedigung seines Schutzbedürfnisses, Anregung, Verlässlichkeit, Verständnis und körperliche wie seelische Wertschätzung. Kinder brauchen eine sichere Bindung und emotionale Zuwendung.

Wohlstandsverwahrlosten Kindern fehlt es aber nicht nur an Aufmerksamkeit für ihre Bedürfnisse, es fehlt ihnen auch an Grenzen. Denn diese zu setzen, Konflikte auszutragen und auszuhalten, das kostet Zeit. Damit sie keine Zeit opfern müssen, geben Eltern nach und sorgen so zunächst einmal für Ruhe. Aber langfristig macht dieses Nachgeben die Kinder orientierungslos und oft tyrannisch. Die emotional verwahrlosten Kinder von heute sind die emotional verwahrlosten und verwahrlosenden Eltern von morgen.

Kinder müssen die Erfahrung machen dürfen, dass sie phasenweise fremdbestimmt leben, dass sie sich auf ein Gegenüber oder eine Situation einstellen müssen – und nicht umgekehrt, wie es leider heute oftmals der Fall ist. Auch einem Kind darf bewusst werden, dass es durch unangenehme Begegnungen Erfahrungen macht, die sich für sein späteres Leben vielleicht als wertvoll erweisen. Insofern wird wichtig sein, aus einem anderen Blickwinkel auf die Gesellschaft schauen zu können. Wir müssen es schaffen, Kinder in solchen sozialen Umgebungen aufwachsen zu lassen, die ihnen möglichst gute Startbedingungen bieten. Als schockierend empfand ich in diesem Zusammenhang eine Nachricht, die ich kürzlich im Radio gehört habe: Eine Mutter habe ihren kleinen Kindern Antidepressiva gegeben – weil sie geweint hatten.

Auch der Bonner Kinderpsychiater Michael Winterhoff schlägt in seinem Buch *SOS Kinderseele* Alarm: »Ich arbeite jetzt seit 28 Jahren als Kinder- und Jugendpsychiater. Was ich seit 1995 täglich in meiner Praxis sehe, gab es zuvor nicht. 1995 hatten wir zwei auffällige Schüler pro Klasse, heute sind es zwei, die unauffällig sind. Das ist mehr als besorgniserregend ... die Primarschüler und Jugendlichen, die in meine Praxis kommen, haben das Weltbild eines 16 Monate alten Kleinkindes.«

Weiter meint er, dass Kinder Erwachsene brauchten, die in sich ruhen. Das übertrage sich auf das Kind. Menschen, die in sich ruhen, könne man seiner Meinung nach heute allerdings an einer Hand abzählen, fast alle seien dauergestresst. Diesen Dauerstress führt er auf das ständige Nutzen von Computern und Smartphones zurück, was die Eltern heillos überfordere. Da Kinder durch Nachahmen lernen, kann man sich die Frage stellen, ob Burn-out jetzt bald sogar in die Kinderzimmer einzieht.

Schon jetzt finden Firmen für gewisse Ausbildungen kaum mehr Jugendliche, weil diese nie gelernt haben, auf die Zähne zu beißen und nicht mit Autorität oder Kritik umgehen können. Ein Ausbilder erzählte mir, dass den jungen Menschen, die er anleitet, oftmals die Grundlagen wie Pünktlichkeit, Respekt und Rücksichtnahme fehlten.

Das emotionale Lernen ist allerdings nicht auf die Zeit der Kindheit beschränkt, sondern dauert ein Leben lang und gilt ebenso für Partnerbeziehungen. Immer noch gibt es die Idealvorstellung, dass zwei Menschen, die sich lieben, sich auch in ihren Gefühlen immer verstehen. Ein frommer Wunsch! Wohl kaum jemand würde behaupten, Auto fahren oder schwimmen zu können, ohne es zuvor gelernt zu haben. Genauso verhält es sich mit der Partnerschaft: Man muss in einem fortwährenden Prozess lernen, den Partner besser zu begreifen.

Egal wie befriedigend Ihre Beziehung zu Ihren Eltern war, bekommen Sie Probleme, wenn Sie nicht erkennen, mit wem Sie jetzt zusammen sind. Wenn Sie sich dieser Person gegenüber automatisch so verhalten, wie Sie es gewohnt sind, laufen Sie Gefahr, die Qualität der Beziehung einzubüßen. Hier ist wirklich emotionale Intelligenz gefordert.

In der Regel werden wir außerhalb unserer Familie auf diesem Gebiet relativ wenig gefördert – mit etwas Glück noch in der Schule. Unsere Gesellschaft ist vorwiegend leistungs- und weniger emotionsorientiert; das heißt, dass man sich im Grunde erst als Erwachsener entscheiden kann, sich in diesem Bereich weiterzuentwickeln. Haben Sie bisher auch geglaubt, intelligent sei, wer in der Lage ist, komplexe Problemstellungen schnell zu durchschauen oder algebraische Gleichungen in Windeseile zu lösen? Wurde Ihnen vermittelt, das Bildungsniveau sei wesentlicher Maßstab der Selbstverwirklichung? Ist in Ihrem Weltbild jemand intelligent, der über eine höhere Ausbildung verfügt, vielleicht sogar einen Professorentitel vor seinem Namen führt? Haben Sie sich im Vergleich zu solchen Menschen jemals minderwertig gefühlt? Dann hören Sie damit auf, sich von dem intellektuellen Dünkel weiter demoralisieren zu lassen.

Wenn Sie es schaffen, Ihr Leben als das zu leben, was es ist, und dabei auch noch glücklich sind, sind Sie intelligenter als hundert Professoren, die das nicht tun. Wenn Sie die Verantwortung für sich übernommen haben und wissen, dass Sie stets wählen können, sind Sie intelligent. Wenn Sie Probleme als Teil des Lebens anerkennen, an denen Sie wachsen können, wenn Sie Glück nicht für einen Zustand halten, der frei von Schwierigkeiten ist, gehören Sie zu den intelligentesten Wesen auf diesem Planeten.

Rationale Intelligenz war die treibende Kraft des 20. Jahrhunderts. Im 21. Jahrhundert wird es die emotionale Intelligenz sein, die Veränderungen in der Wirtschaft und im Privatleben der Menschen forciert. Ob allein die emotionale Intelligenz uns dabei helfen wird, einer intakteren Zukunft entgegenzublicken, sei einmal dahingestellt. Sicher ist aber, dass es Menschen gibt, denen anscheinend nahezu alles mühelos gelingt. Ihnen bei ihrer Arbeit zuzusehen oder sie auch in ihrem privaten Umfeld zu erleben, macht Spaß. Sie haben das, was man Charisma nennt. Charismatische Menschen lösen bei anderen immer positive Gefühle aus.

Die emotionale Intelligenz, die unter dem Kürzel EQ – was eigentlich Emotionale Qualität bedeutet – Furore machte, ist ein Thema, das Management-Strategen zunehmend beschäftigt. Berater, Trainer und Dienstleister folgen diesem Trend. Es gibt emotionales Verkaufen, emotionale Rhetorik, emotionales Kapital. In Amerika diskutieren Manager über ›emotional excellence‹, ›emotional balance‹ und über Karriere mit emotionalen Strategien.

Angefangen hat alles mit Daniel Goleman. Mit seinem Buch *Emotionale Intelligenz* machte er den bereits von J. D. Mayer eingeführten Begriff bekannt und landete 1996 einen Bestseller in den USA, nachfolgend auch in Deutschland und vielen anderen Ländern. Goleman lehrte als klinischer

Psychologe an der Harvard-Universität und betreute mehrere Jahre Psychologiethemen für die New York Times. Mit seinen Gedanken zur emotionalen Intelligenz traf er den Zeitgeist.

Was aber war so bahnbrechend an seinen Thesen? Ganz einfach: Daniel Goleman sorgte dafür, dass die Soft Skills, die weichen Themen, ins Management einkehrten – zuvor hatten technokratische und Zahlenthemen die Diskussion um erfolgreiche Unternehmensführung dominiert. Auf der Suche nach dem Unterschied zwischen dem durchschnittlichen Mitarbeiter und dem erfolgreichen Manager war ihm Folgendes aufgefallen: Intelligenz und Wissen sind zwar notwendige, aber nicht hinreichende Bedingungen für beruflichen Erfolg.

Außerordentliche Karrieren legen nicht unbedingt die Intelligentesten eines Abiturjahrgangs hin, sondern diejenigen mit der höchsten emotionalen Intelligenz. Für den Erfolg im Beruf kommt es nicht nur auf den IQ an, sondern auch in hohem Maße auf den EQ, den Quotienten der emotionalen Intelligenz. Bei Führungskräften schlägt sich dieser nieder in Motivation, der Fähigkeit, den Standpunkt anderer Menschen intuitiv zu verstehen, in der Qualifizierung zur Teamarbeit und in der informellen Führerschaft in Organisationen. »In der Summe sind diese Faktoren ausschlaggebend für den Führungserfolg«, fasst Daniel Goleman seine Forschungsergebnisse zusammen.

Lange Jahre war sein Schwerpunkt die Suche nach den Erfolgsfaktoren der ›outstanding people‹, wie er Menschen bezeichnet, die führen können, die gut mit anderen umzugehen vermögen und auch ein glückliches Familienleben haben. Diese Menschen, die den Weg vorgeben und

Verantwortung für andere tragen, sind mit einer ganzen Reihe von emotionalen Qualitäten ausgestattet, die in der ›Dimension Intelligenz‹ nicht vorkommen: »Sie haben ein gutes Bild davon, wer sie sind. Sie können mit schlechten Gefühlen umgehen. Sie bleiben auch bei Niederlagen optimistisch. Sie können die Gefühle anderer Menschen erspüren«, zählt Goleman auf, was zu einem gut ausgestatteten emotionalen Inventar gehöre.

Bei Managern etwa, die ihre Mitarbeiter vor versammelter Mannschaft zusammenstauchten, oder bei aufbrausenden Typen, die sich und andere blamierten, sieht er ein enormes EQ-Defizit. Ausgeglichenheit dagegen und die Fähigkeit, mit vielen verschiedenen Charakteren auszukommen, zeuge von emotionaler Intelligenz. Auch die gute Beherrschung spontaner Gefühle zeige EQ-Stärke. Wer auf die Gefühle seiner Mitmenschen eingehen möchte, muss seine eigenen gut kennen. Es geht also darum, sich zu beherrschen. Anders als vielleicht herkömmlich gemeint bedeutet dies, dass man Herr über seine Gefühle ist, statt deren hilflos ausgeliefertes Opfer.

Wie oft hört man Menschen sagen: »Du regst mich auf, du machst mich traurig, du machst mich wütend.« Niemand kann Sie wütend machen, niemand kann Sie ärgern, niemand kann Sie unglücklich machen, niemand kann Sie traurig machen – das erledigen Sie immer selbst. Stellen Sie sich vor, Sie fahren morgens in Ihrem Auto zur Arbeit und denken bereits an die bevorstehenden Termine. Plötzlich nimmt Ihnen jemand die Vorfahrt, nur mit einer Vollbremsung kommen Sie gerade noch zum Stehen. Jetzt haben Sie zwei Möglichkeiten einer emotionalen Reaktion: Sie können sich wahnsinnig aufregen und den anderen

Verkehrsteilnehmer mental zur Hölle schicken oder Sie atmen einmal tief durch, klopfen sich (mental) auf die Schulter und freuen sich, dass Sie, obwohl Sie gedanklich woanders waren, so gut reagiert und sich vor Schlimmem bewahrt haben. Sie entscheiden immer über Ihre Gefühle und wie Sie in welchen Situationen reagieren – ob Ihnen dies bewusst ist oder nicht.

Es kann natürlich sein, dass Sie gelernt haben, andere mit Ihrer Wut oder Ihrer Trauer zu manipulieren. Dann haben Sie über diese Menschen Macht, was Ihnen wiederum ein befriedigendes Gefühl geben kann. Es wird allerdings auch Menschen geben, bei denen diese Masche nicht funktioniert. Was dann?

Machen Sie sich bewusst, dass Ihre Gefühle grundsätzlich abhängig sind von der Art, wie Sie denken. Jedem Gefühl muss ein Gedanke vorausgegangen sein. In unserem Kulturkreis ist es zum Beispiel üblich, traurig zu sein, wenn jemand gestorben ist, den wir geliebt haben; wir denken, der Tod sei etwas Schlimmes. Es gibt aber auch Völker, die den Tod feiern. Die Angehörigen singen, tanzen und tragen bei der Beerdigung oder Verbrennung des Toten bunte Farben.

Wenn Sie nicht glauben, dass Sie Ihre Gedanken steuern – und zwar immer –, fragen Sie sich, wer sie steuert. Die Beantwortung dieser Frage ist außerordentlich wichtig, zieht sie doch meist einen Lernprozess nach sich, der mitunter schwierig sein kann, aber zu bewältigen ist. Wann immer Sie sich dabei ertappen, andere für Ihre Gefühle verantwortlich zu machen, halten Sie inne, fassen Sie sich an die eigene Nase und überprüfen Sie, ob Sie das wirklich wollen. Nur Mut, Sie haben schon komplexere Dinge gelernt.

Mit einem Schöpferbewusstsein können Sie niemanden mehr für Ihre Negativität verantwortlich machen, selbst wenn Sie in Ihrer Kindheit nicht positiv bestärkt wurden. Ab sofort können Sie die ganze Verantwortung für sich übernehmen. Solange dazu nicht auch die Verantwortung für Ihre Negativität gehört, können Sie allerdings positiv denken, soviel Sie wollen, es wird nichts bringen.

Wer die Trauer vertreiben möchte, vertreibt auch die Freude. Das sind die beiden Seiten einer Medaille. Wenn die eine Seite nicht da ist, kann die andere Seite ebenfalls nicht existieren. Sie können die Medaille nicht teilen, indem Sie die eine Seite zu Hause lassen und die andere an Ihre Arbeitsstelle mitnehmen. Wir müssen lernen, die Verbindungen zu verstehen, die zwischen scheinbaren Gegensätzen bestehen. Normalerweise versuchen wir, vor dem Leiden wegzulaufen, um das Glück zu suchen, weil wir absolut davon überzeugt sind, dass das Glück woanders sein muss. Wir denken, wir müssten das Leiden vernichten, bevor wir das Glück finden könnten. Das ist dualistisches Denken.

Eine Rose kann ohne Sonnenschein nicht erblühen und ohne Regen nicht wachsen. Sie braucht außerdem Erde und einen guten Standort. Würde man nur etwas davon entfernen, könnte die Rose nicht existieren. Wenn wir aufhören würden, dualistisch zu denken, könnten wir erkennen, welche Rolle das Leiden für das Glücklichsein spielt. Für einen Burn-out zum Beispiel könnte das bedeuten, sich bewusst zu machen, was das Gute daran ist und was man daraus lernen kann.

Sobald Sie damit aufhören, anderen die Schuld für Ihren Zustand zu geben, treten Sie aus der Opferrolle unmittelbar in Ihr Schöpfersein. Hören Sie damit auf, sich zu beklagen, auch wenn Ihnen das bisher eine Menge Freunde eingebracht hat. Unglückliche Menschen, die gerne über Probleme reden, haben immer ein Publikum – setzen Sie sich einmal in das Wartezimmer einer Arztpraxis. Leid ist eben besser zu ertragen als das Schöne. Über Probleme zu reden, schafft noch mehr Probleme oder verstärkt die vorhandenen.

Glückliche Menschen sind ziemlich allein. Mit sich selbst im Reinen zu sein, genügt ihnen auch, weil sie dann mit allem verbunden sind. Gefühle sind immer Zustände des Sich-selbst-Erlebens in Bezug auf die Umwelt. Emotionale Qualität erreichen Sie durch bewusste Selbstwahrnehmung: durch Erkennen der jeweils vorhandenen Gedanken, der daraus resultierenden Emotionen und der sich daraus ergebenden notwendigen Veränderungen. Machen Sie sich bewusst, ob Gefühle wie Freude, Angst, Überraschung, Wut, Ekel oder Trauer etwas mit Ihnen machen oder ob Sie diese Gefühle beherrschen. Emotionale Intelligenz erfordert Verantwortungsbereitschaft sowie die Bereitwilligkeit, aus der eigenen Komfortzone herauszutreten, in der man es sich so herrlich eingerichtet hat.

Meditation ist ein wunderbares Mittel, seinen Gedanken und Gefühlen näherzukommen, ohne diese sofort bewerten zu müssen. Außerdem kann ein ausgeglichener, in sich ruhender Mensch viel besser auf seine Umgebung eingehen. Er wird nicht mehr zum Spielball der Emotionen seiner Mitmenschen und andere werden gerne mit ihm zusammen sein, weil sie spüren, dass auch sie nicht bewertet werden. Sie dürfen sein, wie sie sind.

Gut geführte Unternehmen zeichnen sich dadurch aus, emotional intelligente Mitarbeiter zu fördern. Wer seinen

Gefühlshaushalt nicht unter Kontrolle hat, neigt dazu, seine Umgebung zu belasten, was auch auf die Mitarbeiter abfärbt.

Jede Interaktion sorgt dafür, dass sich Menschen besser oder auch schlechter fühlen können – je nach Ausstrahlung der betreffenden Person. Um nicht von den EQ-Defiziten der Mitarbeiter überrascht zu werden, empfiehlt Daniel Goleman vorbeugende Maßnahmen schon bei der Rekrutierung: »Jeder kann im Lebenslauf gut aussehen. Aber das Papier sagt nichts über die sozialen und emotionalen Fähigkeiten der Kandidaten aus.« Nur mit einer EQ-betonten Rekrutierung sei dem Defizit an sozialen Fähigkeiten unter den Managern beizukommen. Denn heute sei es noch vielfach so, dass Einstellung und Beförderung nur auf rationale Kriterien ausgerichtet seien. Da jedoch nicht nur die Ratio Entscheidungen im Geschäftsleben bestimme, sondern stets eine gute Portion Instinkt und Gefühl hinzukommen, rät Goleman, zur emotionalen Seite des Manager-Daseins zu stehen. Wer gelernt habe, auf seine Gefühle einzugehen und diese zu respektieren, stehe oft sehr viel besser da als der Analytiker, der die rationale Seite von Entscheidungen einseitig betone. Arrivierte Manager sollten den Mut aufbringen, daran zu arbeiten.

Mit dem Schritt, Führungskräfte zum systemischen Coach ausbilden zu lassen, schlagen die ADG (Akademie Deutscher Genossenschaften) und die BSH (Bausparkasse Schwäbisch Hall) hier sicherlich den richtigen Weg ein. Inzwischen hat sich der Wert des EQ auch andernorts herumgesprochen. Absolventen von Hochschulen werden nicht mehr nur nach ihren Noten beurteilt, sondern vielmehr danach, was sie sonst noch geleistet haben, beispielsweise nach ihrem Engagement in einem Verein oder einem sozialen Dienst, etwa einem Freiwilligenjahr im Rahmen der Entwicklungshilfe.

In den USA gibt es Unternehmen, die Harvard-Absolventen mit Bestnoten, die sich für eine Führungsposition bewerben, zunächst einmal für ein Jahr in die Bronx schicken, und zwar mit dem Auftrag, aus einer problematischen Schulklasse ein Team zu formen.

Ob jemand Menschen führen kann, liest sich eben nicht aus Schulnoten ab.

*Der Nachteil der Intelligenz ist, dass man ununterbrochen gezwungen ist, dazuzulernen.*
George Bernard Shaw

# Gedankenkonstrukte

*Eine vorgefasste Meinung*
*ist schwieriger zu zertrümmern als ein Atom.*
Albert Einstein

Unsere Wahrnehmung bildet niemals ein Abbild der Realität. Das Gehirn konstruiert zunächst etwas, das es anschließend für wahr hält. Eine objektive Wahrheit gibt es also nicht. Der Konstruktivismus ist eine Erkenntnistheorie, die davon ausgeht, dass Wirklichkeit nicht von sich aus vorhanden und somit zugänglich ist, sondern vom Individuum konstruiert wird. Das heißt: Jeder Mensch nimmt die Welt anders wahr, weil das menschliche Unterbewusstsein Dinge hervorhebt oder sogar neu in das Sichtfeld einfügt, die ihm als wichtig erscheinen. So kann der Mensch seiner eigenen Wahrnehmung theoretisch gesehen nicht trauen, da diese immer verzerrt ist.

Auch jede Person wird von verschiedenen Menschen jeweils anders wahrgenommen und bewertet. Das wird am einfachsten durch folgende Frage deutlich: Was ist der Unterschied zwischen einem Optimisten und einem Pessimisten? Der Optimist sagt, das Glas sei halb voll, der Pessimist sagt, es sei halb leer.

Wer von beiden hat also recht? Im Sinne des Konstruktivismus beide. Oder denken Sie an die mitunter sehr unterschiedlichen Zeugenaussagen bei Gericht, obwohl alle denselben Unfall gesehen haben.

Demnach ist ein Erkennen der ›Realität‹ unmöglich. Jeder kann sein praktisches Wissen aus der eigenen

Erfahrung ausbauen, ohne auf eine Realität außerhalb der Erfahrung Bezug zu nehmen. Der Mensch befindet sich also in einem Raum, vergleichbar mit einem Kinosaal, den er sein Leben lang nicht verlassen kann. Dieser Raum ist sein Gehirn. In seinem Kino sieht er seinen eigenen Film über die Realität; folglich kann es nie eine einheitliche Realität geben.

Ich schlage Ihnen eine kleine Übung vor, die diesen Sachverhalt verdeutlicht: Fordern Sie jemanden auf, alle blauen Gegenstände zusammenzuzählen, die sich in dem Raum befinden, in dem Sie sich gerade aufhalten. Lassen Sie ihm dafür einige Minuten Zeit. Dann bitten Sie ihn, die Augen zu schließen und Ihnen mit geschlossenen Augen alle Dinge aus dem Raum aufzuzählen, die die Farbe Grün haben (oder eine beliebige andere Farbe, die vorhanden ist). Kann er grüne Gegenstände benennen? Ein gutes Beispiel dafür, wie sehr unser Interesse unsere Wahrnehmung steuert.

Sicherlich ist Ihnen dieses Phänomen schon oft begegnet: Falls Sie während einer Fastenkur durch die Straßen der Stadt gingen, was fiel Ihnen da besonders auf? Welche Automarke sprang Ihnen besonders ins Auge, nachdem Sie sich ein neues Auto gekauft hatten?

Nehmen Sie einmal Folgendes an: Sie gehen durch Ihre Heimatstadt und kommen an den Überresten einer ehemaligen Kapelle vorbei. Sie bleiben stehen, krempeln die Ärmel hoch und beginnen mit dem Wiederaufbau des kleinen Gotteshauses, indem Sie aus der Umgebung Steine und anderes Baumaterial zusammentragen. Es wird nicht lange dauern, bis Sie von jemandem angesprochen werden, der wissen möchte, was Sie da tun. Sie antworten, dass Sie hier an Ort und Stelle die Kirche Gottes wieder aufbauen wollen, weil Gott Ihnen den Auftrag dazu erteilt hat. Die ersten Passanten, denen Sie das erklären, werden kopfschüttelnd weitergehen, ein jeder mit einer fertigen Diagnose im Kopf. Wenn Sie Pech haben, erregen Sie auch die Aufmerksamkeit eines Ordnungshüters, dann wird man Sie ziemlich sicher durch den Notarzt in die nächste Klinik einliefern lassen. Bleiben Sie dort hartnäckig bei Ihrer Geschichte, wird Ihnen im besten Fall eine ambulante Therapie nahegelegt, nachdem man festgestellt hat, dass Sie durch Ihr Handeln keine Gefahr für Leib und Leben darstellen. Mit großer Wahrscheinlichkeit wird man in Zukunft ein sehr genaues Auge auf Sie haben, aus Ihrem Bekanntenkreis werden sich – sollten Sie weiter auf Ihrer Idee beharren – vermutlich eine Menge Leute still und heimlich zurückziehen. Eine Idee, die sich von der eines Franz von Assisi kaum unterscheidet. Dieser wurde allerdings heiliggesprochen. Ist es nicht bemerkenswert, dass es als völlig normal gilt, wenn Sie zu Gott beten, wenn aber Gott zu Ihnen spricht, dies als verrückt gilt?

In manchen Völkern ist derjenige, der behauptet, Stimmen zu hören, unter Umständen ein angesehener Medizinmann. Dieser kann mit den verstorbenen Ahnen kommunizieren und auch berichten, was sie erzählen. Bei uns wäre das ein klassischer Fall für die Psychiatrie. Nur weil jemand anderer Sie für verrückt hält, muss das ja noch lange nicht stimmen.

So mag die Frage doch erlaubt sein, ob Burn-out nicht ebenfalls ein Konstrukt ist. In diesem Falle allerdings ein sehr sinnvolles, denn es zwingt den Konstrukteur in das Hier und Jetzt seiner Existenz. Der Burn-out verlangt ein Innehalten, er fordert auf zur Reflexion und zur Beantwortung von Fragen wie: »Was will mir das alles sagen?«, »Wofür geschieht das gerade jetzt?« Wenn diese Herausforderungen angenommen werden, kann etwas wirklich Gutes daraus entstehen. Sie können sich diese Fragen aber durchaus immer mal wieder stellen, ohne bereits einen Burn-out entwickelt zu haben.

Als systemischer Coach betrachte ich das Individuum nie allein als solches, sondern nehme es immer auch in seinen Beziehungen wahr. Das heißt nicht, dass jedes Problem eine systemische Ursache hat, die meisten Probleme jedoch sind sehr stark systemisch geprägt. Signifikant fallen bei Burn-out-Betroffenen belastende Erlebnisse in der Kindheit oder im System der Ursprungsfamilie auf; auch hier zeigt sich, dass alles im Leben miteinander verbunden ist.

In Systemen geht es immer um Kreisläufe. Das eine wirkt auf das andere. Manches enger – wie in biologischen Systemen (z. B. Ihrem Körper) oder bei technischen Systemen wie Ihrem Auto –, manches ist auch auf weite Entfernung verbunden. Denken Sie nur an die Globalisierung: Wenn in einem anderen Land (beispielsweise China oder Indien) die gleichen Produkte wesentlich kostengünstiger hergestellt werden können, hat dies gravierende Auswirkungen auf die heimische Produktion. Ein anderes Beispiel für die weltweiten Auswirkungen von Vernetzung ist die Bankenkrise. Selbstverständlich wirken auch Menschen in Familien, in Organisationen und Teams aufeinander ein. Im Idealfall erschaffen sie gemeinsam Großartiges.

Deswegen kann auch ein Burn-out nie nur individuell betrachtet werden. Im systemischen Coaching geht es darum, Menschen dabei zu begleiten, innerhalb ihrer Systeme an den richtigen Platz zu kommen und dort dann das zu geben, was sie zu geben haben, und das zu bekommen, was sie wirklich brauchen und was zu ihnen gehört.

Manchmal arbeite ich mit dem Einzelnen, oft schauen wir uns aber auch zusammen das gesamte System an. Dabei beleuchte ich gemeinsam mit meinem Klienten seine Beziehungen, und zwar nicht nur die seiner Gegenwart – sehr oft entdeckt der Klient, wie stark Verbindungen aus seiner Vergangenheit in sein gegenwärtiges Denken und Verhalten einwirken. Dann reflektiert er, ob diese unterstützend waren, abgeschlossen sind oder ob sie noch in negativer Weise Einfluss haben.

Um Systeme zu betrachten, gibt es viele Möglichkeiten. Man kann versuchen, sich zu erinnern und zu visualisieren, wer da alles auftaucht, wenn man an eine bestimmte Situation denkt. Man kann auch mit kleinen Figuren (oder anderen Menschen als Repräsentanten, die ihre Wahrnehmungen mitteilen) das System aufstellen. Dies hat den Vorteil, dass der Klient von außen auf sein System schaut und auf diese Weise Informationen erhält, die ihm durch bewusstes Nachdenken verwehrt geblieben wären. Dies ist eine gute Möglichkeit, sich nicht mehr nur als passiver Spielball zu sehen, sondern einen Blick für das Ganze zu bekommen.

Aus einer solchen Aufstellung kann man sehr gut begreifen und fühlen, ob man am richtigen Platz steht oder was man braucht, um in seinen persönlichen Kraftzustand zu kommen. Man erkennt, welche anderen Faktoren noch auf das System einwirken und was diesem eventuell noch fehlt.

Eine Aufstellung (oder das, was darin geschieht) zu beschreiben, würde in diesem Kontext zu weit führen; darüber ist auch schon viel veröffentlicht worden. Eine Aufstellung sollte man erleben, sonst bleibt das Ganze unerklärbar – in etwa so, als spräche man über eine Flasche Wein und deren Etikett, ohne den Inhalt zu kosten. Ich lade Sie ein, sich selbst ein Bild davon zu machen.

*Du kannst dein Leben nicht verlängern*
*und du kannst es auch nicht verbreitern.*
*Aber du kannst es vertiefen.*
Gorch Fock

## Systemisch-konstruktivistisches Denken

*1. Das Verhalten eines Menschen kann man erst verstehen, wenn man dies als Wechselwirkung einer Interaktion in ihrem systemischen Zusammenhang sieht.*

Das heißt: Kein Mensch IST, sondern Menschen verhalten sich in unterschiedlichen Kontexten und je nachdem, mit wem sie interagieren. Gilt der kleine Fritz in der Schule als größter Rabauke, vielleicht gar als Klassenclown, der über Tisch und Bänke springt, könnte er daheim bei den Großeltern der bravste Junge sein. Verhalten wird also auch durch die Reaktion der anderen mitbestimmt.

*2. Alles gewinnt seine Bedeutung, seinen Sinn und seine Wirkung erst in einem Situationszusammenhang (Kontext).*

Das heißt: Es gibt im weitesten Sinne kein ›gutes‹ oder ›schlechtes‹ Verhalten, sondern der Kontext bestimmt seinen Wert.

Angenommen, der Vorstandsvorsitzende eines Unternehmens kommt abends nach Hause und spielt bald darauf mit seinen Kindern im Kinderzimmer *Hoppe, hoppe Reiter* oder Ähnliches. So wird man ihn sicher als liebevollen Vater betrachten, der sich trotz seiner vielen Arbeit noch Zeit für seinen Nachwuchs nimmt. Zeigt er aber das gleiche Verhalten am nächsten Vormittag im Büro mit seiner Sekretärin, so wird man dies sicher anderes beurteilen können (bitte verzeihen Sie mir dieses Klischee). Was also ist richtig und was falsch?

›Richtig‹ und ›falsch‹ sind Konstruktionen des Verstandes, die nur eines zum Ziel haben: recht zu haben. Was es aber durchaus gibt, sind Konsequenzen. Diese können im oben angeführten Beispiel sehr unterschiedlich ausfallen.

*3. Symptome sind Lösungsversuche mit Preis und immer zu würdigen.*

Das heißt: Mit einem Symptom versucht der Körper, sich aus einer für das Bewusstsein (Geist, Seele) unangenehmen Situation zu lösen.

Das Fach, das ich in der Schule nicht mochte, war Mathematik. Ich muss in der Quinta gewesen sein, als mir eine unangenehme Mathearbeit bevorstand. Am Morgen bekam ich Bauchschmerzen. Ich brauchte nicht zur Schule zu gehen, durfte allerdings auch am Nachmittag nicht zu dem Geburtstag eines Freundes, weil ich ja ›krank‹ war. Das Symptom half mir also zunächst einmal, doch der Preis war die verpasste Feier.

*4. Unwillkürliche Prozesse sind stärker als willkürliche. Altes ist stärker als Neues.*
Das heißt: Die Macht der Gewohnheit ist nicht zu unterschätzen (siehe nächstes Kapitel). Für jemanden, der sich das Rauchen abgewöhnt hat – was schon schwierig genug ist –, dauert es lange, bis auch die Reflexe verschwinden, die vorher zum Rauchen veranlasst haben. Da es bei der Behandlung eines Burn-out nicht nur um Haltungs- oder Einstellungsänderungen geht, sondern auch um eine Veränderung des Verhaltens, braucht dies meist eine längere Zeit.

*5. Es gibt nicht ein Problem an sich, sondern die Beteiligten konstruieren es – objektiv besteht es nicht.*
Das heißt: Der gleiche Sachverhalt, der sich für den einen als Problem darstellen kann, muss einen anderen noch nicht einmal dazu veranlassen, großartig darüber nachzudenken. Er bewältigt diese Situation sehr einfach mit seinen Strategien und Einstellungen.

Kollege A ist enttäuscht, weil der Vorgesetzte in der Teambesprechung Druck gemacht hat. Kollege B denkt, dass der Chef recht hatte, und geht an die Arbeit.

*6. Es gibt so viele Wahrheiten wie es Menschen gibt.*
Das heißt: Es ist ganz im Sinne des Konstruktivismus sehr individuell, was als Wahrheit oder als Realität empfunden wird.

Zwei Kinder kommen vom Spielplatz nach Hause, beide haben sich sehr schmutzig gemacht. Das eine Kind freut sich, weil es das toll findet, das andere weint, weil jetzt sein neues Kleidungsstück beschädigt ist.

»Aus der Idee des Konstruktivismus ergeben sich zwei Konsequenzen. Erstens die Toleranz für die Wirklichkeiten anderer – denn dann haben die Wirklichkeiten anderer genauso viel Berechtigung wie meine eigenen. Zweitens ein Gefühl der absoluten Verantwortlichkeit. Denn wenn ich glaube, dass ich meine eigene Wirklichkeit herstelle, bin ich für diese Wirklichkeit verantwortlich und kann sie nicht jemandem anderen in die Schuhe schieben.« (Paul Watzlawick)

Es gibt noch eine nette Geschichte, die ich bei einem Vortrag des Kommunikationswissenschaftlers Paul Watzlawick hörte und die die unterschiedlichen Wirklichkeiten und Deutungen veranschaulicht:

> In einem fernen Land sind ein Vater und sein Sohn mit einem Esel unterwegs. Es ist sehr warm und das Reisen ist beschwerlich. Der kleine Sohn reitet auf dem Esel, der Vater geht zu Fuß. Da kommt den Reisenden eine Gruppe anderer Menschen entgegen und der Vater hört einen aus der Gruppe sagen: »Schaut nur, der Sohn darf reiten und der alte Vater muss zu Fuß gehen, wie kann man ihn nur so verwöhnen!« Daraufhin nimmt der Vater den Sohn herunter und steigt selbst auf den Rücken des Tieres. So setzen sie ihre Reise fort.
>
> Da kommt ihnen wieder eine Gruppe anderer Menschen entgegen und der Vater hört erneut jemanden sagen: »Schaut euch das mal an. Der Mann reitet auf dem Esel und der arme Junge muss an solch einem heißen Tag zu Fuß gehen.« Daraufhin nimmt der Vater den Sohn zu sich hinauf auf den Esel und sie setzen die Reise fort.

Da kommt eine nächste Gruppe, aus ihr tönt es: »Jetzt schaut euch das einmal an. Haben die denn kein Mitleid mit dem armen Tier? Zu zweit sitzen sie bei dieser Hitze auf seinem Rücken und lassen sich tragen.« Daraufhin steigen beide ab und beginnen damit, den Esel zu tragen.

Was die nächste Gruppe sagt, überlasse ich Ihrer Fantasie.

*Wir sind nicht perfekt, aber es genügt.*
Quelle unbekannt

# Morphische Felder

*Alle Organismen erben – durch morphische Resonanz mit früheren Organismen ihrer Art – ein kollektives Gedächtnis ihrer Art, individuelle Organismen stehen in morphischer Resonanz mit ihren eigenen vergangenen Zuständen, und diese Eigenresonanz bildet die Grundlage ihres individuellen Gedächtnisses und ihrer Gewohnheiten.*
Rupert Sheldrake

Der promovierte Biologe Rupert Sheldrake erregte größtes Aufsehen in der wissenschaftlichen Welt, als er 1981 nach langjähriger Tätigkeit als forschender Pflanzenphysiologe an der Universität von Cambridge und am International Corps Research Institute in Hyderabad, Indien, sein erstes Buch *Das schöpferische Universum* veröffentlichte.

Das Neue an Sheldrakes Ansichten war die radikale Vorstellung eines sich im Zuge der Evolution weiterentwickelnden Universums ohne zeitlose Naturgesetze und ohne durch Denken erschlossene, unwandelbare, mathematische Gesetzmäßigkeiten. Stattdessen schlug er vor, alle Formen und Gesetze des Universums als Gewohnheiten oder Muster zu verstehen, die sich, einmal aufgetreten, durch beständiges Wiederholen stabilisieren.

Wenn Rupert Sheldrakes Behauptung stimmt und sich bestätigt, dass sich hinter unserer sichtbaren und greifbaren materiellen Welt eine geistig-energetische befindet, die alles steuert, ordnet und formt, müssen wir gründlich umdenken und unser Verhalten verändern. Wenn hier jeder von uns zunächst einmal bei sich selbst beginnt, können wir ein ganz neues Selbstbewusstsein entwickeln und weit sicherer und selbstverständlicher leben, als das bisher der Fall war.

Befassen wir uns also mit dem, was wir oft so abfällig als ›dumme Angewohnheiten‹ bezeichnen. Lernen wir verstehen, warum wir immer wieder in alte Fehler oder gar in eine Sucht zurückfallen, um uns dann mit Gefühlen der Schuld und der Minderwertigkeit herumzuschlagen. Halten wir uns immer wieder das Beispiel der Eisenspäne vor Augen, um zu begreifen, wovon wir sprechen: Sobald ein Magnet in ihre Nähe kommt, formen sie sich entsprechend dem magnetischen Feld, das sie dazu zwingt.

Wenn Wasser Eisblumen bildet, entstehen wunderschöne Muster an der Fensterscheibe in unendlich vielen Variationen – je nach der Beschaffenheit des Wassers. Kristallisiert eine Substanz sich aus, so entstehen die ganz typischen Kristalle, als hätte ein Genie die Linien und Kanten und Formen perfekt berechnet. Wir nehmen das als selbstverständlich hin. Doch offensichtlich war das keineswegs immer so.

Sheldrake und andere Wissenschaftler, die von seinen Thesen überzeugt sind, wiesen nach, dass das Auskristallisieren nach dem Finden neuer Substanzen erst nach und nach gelingt. Dann aber immer wieder und auf Anhieb. Gerade so, als müsste auch die neue Substanz erst lernen und üben und somit ihre eigene geformte und geordnete Art finden. Die innere Ordnung muss zur Gewohnheit werden.

Falls Sie Klavier spielen, kennen Sie das ›Gedächtnis‹ der Finger, das nichts mit den Gehirnfunktionen zu tun hat. Nach ausreichender Übung gestaltet sich das Klavierstück aus einem anderen Gedächtnis heraus. Die Finger huschen über die Tasten – genauso, wie die Eisenspäne im Magnetfeld ihre Linien finden, genauso, wie das Wasser zu Eisblumen erstarrt. Das Gleiche gilt für das Schreiben oder das Lesen. Das alles funktioniert erst dann, wenn sich ein morphischesFeld gebildet hat, das die Formung angibt.

So gesehen haben wir Menschen – ebenso wie die Materie insgesamt und wie alles, was lebt – unzählige morphische Felder geschaffen, die immer, sobald wir etwas tun, formend eingreifen. Im Positiven wie im Negativen, im Guten wie im Bösen. Das bedeutet: Bei allem, was wir beginnen, müssen wir uns darüber klar sein, dass wir dabei ein neues morphisches Feld schaffen. Wir müssen uns bewusst machen, dass dieses Feld mit jeder Wiederholung verstärkt und ausgebaut wird. Dann verstehen wir, warum das Sprichwort sagt: »Wehret den Anfängen!« Und wir begreifen auch, warum die Astrologie so großen Wert auf jeglichen Beginn und die Prägung legt, die damit verbunden ist: Was seinen Anfang genommen hat und erst zögerlich, dann immer deutlicher und stärker wiederholt wird, wächst zu einer geistig-energetischen, beherrschenden Kraft heran, die sich immer wiederholen will, ohne einen Ausweg zu erlauben. Und das immer auf genau dieselbe Weise. Es läuft geradezu automatisch ab.

Wir sprechen von Gewohnheiten und können jetzt verstehen, wie viel mehr dahintersteckt. Auch warum es so außerordentlich schwierig ist, sie wieder loszuwerden. Was nützen da logische Einsichten, dass etwas, was wir immer wieder tun, falsch ist? Man hat sich etwas angewöhnt – das klingt, als könnte man es sofort wieder loslassen. Und das wäre vielleicht auch so, hätten wir damit nicht ein solch starkes Kraftfeld geschaffen, das uns immer wieder in dasselbe Verhalten zwingt. So gesehen ist auch die Sucht, die alle Lebensbereiche erfassen kann, nichts anderes als ein besonders starkes morphisches Feld. Bei Drogen und Alkohol wissen wir: Wer nicht den radikalen Abstand nimmt, wird immer wieder zurückfallen. Ein einziger Tropfen Alkohol, eine einzige Zigarette genügt in der Regel schon – und man ist wieder von der ›Gewohnheit‹ gefangen.

Um es noch einmal zu betonen: Mit logischer Einsicht ist dagegen nicht anzukommen. Es gibt nur die einzige Möglichkeit: Das morphische Feld darf sich nicht bilden, indem man weder daran denkt noch glaubt, ein winziger Anfang könne doch nichts schaden. Ganz einfach gesagt, um wieder beim Beispiel zu bleiben: Der Magnet darf nicht in die Nähe der Eisenspäne gehalten werden. Sobald dies geschieht, müssen sie sich in die gewohnte Linie einordnen. Kein einziger von ihnen könnte sich dem magnetischen Feld widersetzen.

Doch sehen wir die morphischen Felder nicht nur bei ›schlechten Gewohnheiten‹. Genauso funktionieren sie beispielsweise auch bei den rituellen Formen, mit denen wir unser Leben gestalten. Sie ordnen unser Leben und geben ihm einen stabilen Rhythmus. Von der Art, wie wir täglich morgens aufstehen, unsere Zähne putzen, uns kleiden, unser Frühstück einnehmen, über die Weise, wie wir anderen begegnen, sie begrüßen oder übersehen, bis schließlich hin zum automatischen Einschalten des Fernsehgerätes und zum Zubettgehen. Unser ganzes Leben haben wir ritualisiert. Und das ist gut so. Wir haben unzählige morphische Felder geschaffen, die uns durch den Tag geleiten. Wie wir arbeiten, spielen, lieben oder hassen.

Haben wir als Kind schon nicht gelernt zu lernen und ist uns der Übergang vom Spiel zur konzentrierten Arbeit nicht gelungen, werden wir es ein Leben lang schwer haben, das noch zu ändern. Ehe wir uns versehen, hat das alte und durch Gewohnheit immer stärker gewordene morphische Feld es wieder vereitelt, spielerisch und ohne große Anstrengung zum Erfolg zu kommen.

Die Einsicht alleine, dass es so nicht funktioniert, kann nicht helfen. Es ist, als hätten wir unseren Lebenswagen auf ein Gleis gestellt und müssten diesem nun folgen. Wenn sich das alles so verhält – und vieles spricht dafür –, sollten wir alle einsehen, wie sehr wir durch die von uns selbst geschaffenen morphischen Felder beeinflusst werden. Dann bleibt uns nur eine Möglichkeit: Wir müssen vollkommen bewusst die unerwünschten morphischen Felder abbauen und durch neue, bessere Muster ersetzen. Und diese können wir erschaffen, indem wir uns neue, positive Gewohnheiten angewöhnen.

Denken Sie an die Eisblumen, die sich in tausend verschiedenen Formen bilden. Warum das so ist, fanden Wissenschaftler in einem sehr interessanten Versuch heraus: Die Blumen werden umso kunstvoller und eindrucksvoller, je besser die Atmosphäre im Raum ist. Hat man beispielsweise gute Düfte verströmt, werden sie vollkommen. Herrscht Harmonie, ist das ebenso. Ist der Raum dagegen voller Rauch oder wird heftig gestritten, dann ist das Wasser offensichtlich nicht in der Lage, sich voll auszukristallisieren. Es entstehen zwar Eisblumen, doch bleiben sie unvollkommen und haben deutlich einfachere Strukturen, sogar mit schwarzen Löchern. Auf den Fotos von Dr. Masaru Emoto, einem japanischen Alternativmediziner, können Sie sich das Phänomen im Internet anschauen. Das morphische Feld, so könnte man sagen, wird negativ beeinflusst und kann sich nicht so entfalten, wie es das gerne tun würde. Da wir zu einem großen Teil aus Wasser bestehen, muss ich Ihnen nicht erklären, was diese Erkenntnisse für uns alle bedeuten.

Für Ihr Leben heißt das: Positive morphische Felder werden umso hilfreicher und stärker, je positiver Sie denken und handeln. Dass Gedanken alleine nichts schaffen können, davon dürfen Sie ausgehen. Sie müssen auch von Emotionen geleitet werden – also sozusagen voll und ganz dahinter stehen.

Die Lehrerin Ilse Lethmayer aus Krems unternahm dazu mit ihren Schülern einen interessanten Versuch. Sie kochte Reis und füllte diesen in zwei Einmachgläser. Beide Gläser wurden im gleichen Raum in einem Abstand von einigen Metern voneinander entfernt aufgestellt. Die Schüler sollten nun dem einen Glas jeden Tag all ihre Sorgen und ihren Ärger erzählen, dem anderen Glas sollten sie mitteilen, worauf sie stolz waren und woran sie sich freuten. Nach nur zwei Wochen war der Reis des einen Glases schimmelig und schwarz geworden, der Reis im anderen Glas blieb unverändert weiß.

Ein weiterer Versuch wurde 1979 in einem amerikanischen Altenheim durchgeführt. Die Harvard-Psychologin Ellen Langer gab den Senioren vor, wieder im Jahre 1959 zu leben und 20 Jahre jünger zu sein. Sie passte die Einrichtung früheren Zeiten an, ließ Bilder der Idole aufhängen, für die die Bewohner in ihrer Jugend geschwärmt hatten, spielte die Musik jener Zeit und zeigte Filme von früher. Die einwöchige Zeitreise führte zu erstaunlicher Verjüngung: Einige der

Senioren meldeten sich zu einem Tanzkurs an, ihr IQ verbesserte sich, Symptome von Arthritis und sogar die Bettlägerigkeit in diesem Heim gingen zurück.

Sehr wichtig ist immer der richtige Anfang, aus dem sich das Feld dann entwickeln soll. Er muss frei sein von jeglicher negativen Haltung. Und dazu gehören vor allem auch Ängste und Befürchtungen, Regungen wie Neid und Hass. Wenn Sie sich positive morphische Felder aufbauen – sozusagen neue Muster stricken –, kann es Ihnen viel besser gehen, vieles wird erfolgreicher gelingen. Seit ich die Arbeiten von Sheldrake gelesen habe, wundere ich mich nicht mehr über die vielen positiven Dinge, die während der Burn-In-Seminare auf Korfu geschehen. In mehr als 30 Jahren haben wir dort ein morphisches Feld erschaffen, von dem auch jeder neue Teilnehmer profitiert. Hier sind Quantensprünge in der eigenen Entwicklung möglich.

Die Auswirkung eines neu geschaffenen morphischen Feldes mag folgendes Beispiel ebenfalls verdeutlichen: In einem Experiment stellte man zwei Gruppen von Studenten, die das gleiche Alter hatten und in ähnlicher körperlicher Verfassung waren, in zwei Räumen unterschiedliche Aufgaben. Die eine Gruppe sollte sich möglichst viele Gedanken zu dem Thema Urlaub machen, die andere Gruppe über das Alter. Beide Gruppen dachten, bei diesem Experiment ginge es darum, wie viel sie zu ihren Themen später würden aufzählen können. Nach zwei Stunden war der Test beendet, die Studenten durften das Gebäude wieder verlassen. Dazu mussten sie einen langen Flur durchschreiten. Es wurde nun die Zeit gemessen, die die Studenten dafür brauchten. Die Gruppe, die sich mit dem Alter beschäftigt hatte, war dabei signifikant langsamer.

# Glauben Sie, was Sie wollen!

*Gott ist allmächtig und voll Mitleid, doch wenn du Gerste anbaust, hoffe bei der Ernte nicht auf Weizen.*
Rumi

Nur Wenige wissen von den Möglichkeiten des menschlichen Geistes, den Kräften und Fähigkeiten, die in ihnen schlummern.

Wenn Sie sich ein Glaubenssystem erschaffen, von dem Sie wirklich überzeugt sind, werden Sie das in Ihr Leben einladen, was Sie erleben wollen – und Sie können der sein, der Sie sind. Sie wissen ja schon längst, dass es im Leben nicht ums Haben, sondern ums Sein geht. Das Haben kommt von alleine, wenn Sie das Sein an erste Stelle setzen!

Auf dem Weg dorthin gibt es weder Glück noch Pech noch Zufall, sondern lediglich Ursache und Wirkung. Sie haben in jedem Moment die Möglichkeit, damit zu beginnen. Machen Sie sich bewusst, dass das Leben nur einer Regel folgt: Dem Gesetz von Ursache und Wirkung. Dies entspricht dem Pratityasamutpada, dem buddhistischen Begriff des abhängigen Entstehens. Nach dieser Auffassung entstehen die Dinge nicht, weil ein Gott sie will, sondern weil wir für die Ursachen gesorgt haben. Das hat Buddha gemeint, als er sagte, dass wir unser eigener Herr sind. Dabei ist es wichtig zu erkennen, dass wir in Momenten existieren, die sich ständig verändern. Kein Moment gleicht dem anderen. Jeder Moment ruft den nächsten hervor.

Machen Sie sich das bei jedem neuen Gedanken, den Sie denken, bewusst. Jeder Ihrer Gedanken gleicht einem Samenkorn. Achten Sie auf Ihr Saatgut. Kein Landwirt käme auf die Idee, dass aus der Gerste, die er gesät hat, irgendetwas anderes entstehen könnte als Gerste.

Wir verbringen in der Regel mehr Zeit damit herauszufinden, was unser Smartphone kann, als zu erforschen, was uns mit der Kraft unserer Gedanken alles möglich ist. Gedanken haben die Macht, Realitäten zu verändern und neue zu erschaffen. Indem Sie ganz bewusst die Qualität Ihrer Gedanken bestimmen, bestimmen Sie die Ereignisse Ihres Lebens. Henry Ford sagte einmal: »Ob Sie glauben, Sie könnten etwas erreichen oder nicht, Sie werden in beiden Fällen recht behalten.«

Die meisten Menschen haben keine Wahl, weil sie nicht wissen, dass sie eine Wahl haben. Weil sie es nicht wissen, wählen sie nicht, und weil sie nicht wählen, geschieht es nicht. In Wirklichkeit haben Sie in jedem Moment die Chance, neu zu wählen – auch jetzt.

Wann immer Sie sich anstrengen müssen, ist dies eine Botschaft des Lebens, dass es auch müheloser ginge. Es ist in solchen Momenten sinnvoll, innezuhalten und darüber nachzudenken, wie es anders leichter wäre. Ich behaupte nicht, dass das einfach ist. Zwar wurde es uns in die Wiege gelegt, aber ziemlich bald wieder genommen. Deswegen müssen wir wieder lernen, Herr über unsere Gedanken zu sein. Zu viele Jahre unseres Lebens wurde uns das Denken abgenommen. Erinnern Sie sich noch an Ihre ersten Fahrstunden? Ab wann haben Sie wirklich geglaubt, dass Sie Auto fahren können, ohne ständig darüber nachdenken zu müssen, wann man die Kupplung oder das Gaspedal bedient? Gedanken werden erst dann zu Überzeugungen, wenn Sie wiederholt damit gearbeitet haben. Sollte das mit dem Ursachesetzen nicht auf Anhieb funktionieren, nehmen Sie es nicht als Vorwand zum Aufgeben. Bleiben Sie dran und erinnern Sie sich an das Kapitel über Fehler.

Kleine Menschen – und ich meine hier nicht die Körpergröße – werden Ihnen immer sagen, dass diese Art zu denken Selbstüberschätzung sei. Hören Sie nicht darauf – aus diesen Menschen spricht der Neid. Wenn sie sich vorstellen, Sie könnten recht haben, fühlen sie sich selbst klein. Und da sie dieses Gefühl weder mögen, noch wissen, wie man solche Gefühle integrieren kann, müssen sie Ihnen von solchen Gedanken abraten. Sie können sich nicht eingestehen, Verlierer zu sein.

Manchmal zu verlieren, ist aber vollkommen natürlich. Wenn Sie damit kein Problem haben und mit Gefühlen umzugehen wissen, übt Versagen keinen wesentlichen Einfluss auf Ihr Leben und Ihr Wohlbefinden aus, sondern wird Sie anspornen. Ein gewaltiger Unterschied, der so manche wertvolle Türe zu neuen Möglichkeiten öffnet! Die meisten Menschen sind viel größer und schöner, als sie selbst zu sein glauben. Überheblichkeit wird durch diese Erkenntnis nicht erzeugt, im Gegenteil. Nur Menschen, die sich klein fühlen, haben es nötig, sich über andere zu stellen. Aber den Kleinen scheint es immer so, dass sich jemand über sie stellen möchte; sie glauben das auch dann, wenn einer nur zu seiner Größe steht. Auf solche Menschen brauchen Sie nicht zu hören. Es sind Angsthasen, die nie etwas Besseres zu tun gehabt haben, als andere abzuwerten. Nur so können sie sich das Gefühl verschaffen, größer zu sein. Wer nicht zu seiner Kleinheit steht, der wird überheblich. Wer zu seiner Größe steht, der wird verständnisvoll und wertschätzend.

Im Elternhaus, in der Schule, in der Kirche oder im Fernsehen wurden Sie im Laufe der Jahre permanent mit ›Wahrheiten‹ geradezu überschüttet. Sie waren einer ständigen Hypnose ausgesetzt, mehr noch: einer Gehirnwäsche. Die Glaubenssysteme anderer haben Sie zu der Person werden lassen, die Sie heute sind. Ich sage nicht, dass Sie das alles freiwillig und gerne übernahmen. Oft wurden Sie bestraft, wenn Sie sich weigerten, etwas zu glauben, von dem Sie tief in Ihrem Inneren, diesem unzerstörbaren göttlichen Kern, wussten, dass es falsch war. Aber da Sie nicht so gerne Stubenarrest oder gar Schläge bekamen, spielten Sie das Spiel mit und heulten so lange mit den Wölfen, bis Sie deren Lied kannten.

Wenn Sie das alles nie überprüft haben, wurde daraus ein mit Glaubenssätzen gespicktes Glaubenssystem, von dem Sie inzwischen annehmen, es sei Ihr eigenes. Das hinderliche daran ist jedoch, dass Sie dadurch Ihren eigenen direkten Erfahrungen nicht mehr vertrauen. Daraus folgt dann meist, dass man ein Erleben ignoriert, das einer dieser Überzeugungen widerspricht, oder man sagt sich, dies sei sicherlich die Ausnahme von der Regel. Was Hänschen nicht lernt, lernt Hans nimmermehr, ist wohl einer der dümmsten Glaubenssätze; um nur ein Beispiel zu geben.

Wenn man einen Sumpf trocken legen will, darf man nun einmal nicht die Frösche um Rat fragen.

Ihr Leben ist dadurch in erheblichem Maße eingeschränkt. Die übernommenen Überzeugungen formen Ihr Erleben der Welt innerhalb sehr enger Grenzen. Jesus brachte dies in einem Satz auf den Punkt: »Nach Eurem

Glauben wird euch geschehen.« Hand aufs Herz, wie oft haben Sie sich gesagt: »Das geht nicht.«?

Ich behaupte nicht, alle Glaubenssätze, die Sie übernommen haben, seien schlecht oder töricht. Sie hatten für die Betroffenen vielleicht sogar durchaus ihre Berechtigung, eventuell halfen sie ihnen beim Überleben. Aber es war eben deren Glaube und das meiste davon hatten sie ebenfalls ungeprüft übernommen. Auch meine ich nicht Überzeugungen wie: Bei einem Gewitter stellt man sich nicht unter einen Baum. Oder: Vor gewissen Schlangen muss man sich in Acht nehmen. So etwas kann man, muss man aber nicht selbst überprüfen. Wenn Sie auf der Autobahn auf ein Stauende zufahren, brauchen Sie nicht erst zu glauben, dass es gefährlich sei, jetzt nicht zu bremsen – sind Sie im Hier und Jetzt Ihres Erlebens, tun Sie das einfach.

Mit unseren Glaubenssystemen und Konditionierungen erschaffen wir eine Wirklichkeit (Morphische Felder, siehe Seite 117 ff), die von dem, was wirklich ist, ungefähr so weit entfernt liegt wie der Mond von der Erde. Das Ganze wird auch noch von unseren Mitmenschen unterstützt, die sich gemäß unserem Glauben über sie verhalten. Das alles funktioniert auch recht gut, allerdings innerhalb enger Grenzen. Wenn Sie von jemandem annehmen, er sei ein Versager, wird er versagen, er kann gar nicht anders. Dies kann man natürlich auch nutzen, indem man dem anderen gegenüber eine andere Einstellung annimmt. Sie sind ja frei zu glauben, was Sie für sinnvoll halten. Was natürlich auch für die Einstellung sich selbst gegenüber gilt.

Ist es nicht bemerkenswert, dass wir mit allem, was wir benötigen, auf die Welt kommen: einem wundervollen Körper mit allen lebensnotwendigen Organen – allerdings ohne Glaubenssysteme und Vorurteile? Bedeutet das vielleicht, dass man diese zum Leben gar nicht braucht? Hat die Schöpfung das ganz bewusst so eingerichtet?

Oft ist es einfacher und bequemer zu glauben, auch gegen jedes bessere Wissen oder gegen jede Vernunft. Wer verlässt schon gerne seine Komfortzone? Wir haben uns sagen lassen – und viele haben es auch geglaubt –, Atomkraftwerke seien sicher. Hauptsache, wir bekommen preiswerten Strom für all unsere wichtigen Bedürfnisse. Und der atomare Abfall? Sollen sich doch die Nachkommen damit herumschlagen. Augen zu und durch, heißt da weltweit meist noch die Devise – als hätte es Tschernobyl und Fukushima nicht gegeben. Einstein hatte recht, als er sagte, das Universum und die Dummheit der Menschen seien unendlich. Beim Universum sei er sich allerdings nicht sicher.

Erwachsenwerden heißt, seine eigenen Wahrheiten zu finden und daraus Glaubenssysteme zu formen, die wirklich hilfreich sind. Unsere Gedanken beeinflussen unseren Körper, der gemäß unserem Glauben reagiert, und auch unser Verhalten wird von unseren Überzeugungen geprägt. Haben wir erst einmal einen festen Glauben in uns verankert, bringen uns auch ganz massive gegenteilige Informationen, so wahr sie auch sein mögen, nicht aus der Ruhe. (Denken Sie an die morphischen Felder!) Wir ignorieren sie einfach oder halten sie für falsch. Manche Menschen meinen gar, die ganze Welt bekämpfen zu müssen, nur um ihren Glauben behalten zu können. Für einen Platz im Paradies, von gewissenlosen Führern versprochen, opfern sie sogar das eigene Leben.

Ein harmloseres Beispiel dafür ist die Geschichte eines Mannes, der glaubt, er sei eine Leiche. Er sitzt einfach nur da und behauptet, eine Leiche zu sein. Ein Psychiater kommt des Wegs und beide streiten eine Weile darüber, ob der Mann eine Leiche sei oder nicht. Plötzlich hat der Psychiater eine Idee; er fragt den Mann, ob Leichen bluten könnten. Da bei einer Leiche alle Körperfunktionen zum Stillstand gekommen sind, verneint der Mann, woraufhin ihm der Psychiater mit einer Nadel in den Finger sticht. Als der Finger kurz darauf zu bluten beginnt, meint der Mann: »Oh, ich habe mich wohl getäuscht. Leichen können doch bluten.«

Wie stark Glaubenssysteme sind, konnte man in der Sowjetunion zu Zeiten des Bolschewismus sehen: Den Politkommissaren gelang es während dieser Zeit kaum oder gar nicht, die Heiligenbilder aus den Wohnstuben der gläubigen Christen zu vertreiben. In einer Studie interviewte die amerikanische Medizinerin Dr. Eva Kahana hundert Krebs-Überlebende in der Hoffnung, herauszufinden, was all diese Überlebenden gemeinsam hatten. Sie definierte einen Krebs-Überlebenden als jemanden, dem eine Diagnose ›Krebs im Endstadium‹ mit einer geringen Chance auf Heilung gestellt worden, der sich aber zehn oder zwölf Jahre später noch immer seines Lebens erfreute, und zwar bei guter Gesundheit.

Die Forscherin konnte allerdings keine gemeinsamen Muster in der Behandlung dieser Patienten finden; verschiedene Menschen waren auf unterschiedliche Weise behandelt worden, unter anderem mit Chemotherapie, Strahlentherapie, Diät-Programmen, Operationen, spiritueller Heilung usw. Dennoch gab es einen Faktor, der sämtliche Überlebenden einte: Sie hatten alle daran geglaubt, dass die Behandlung, die sie bekamen, bei ihnen wirken würde. Aus welchem anderen Grund sollten denn Placebos wirken? Der

Glaube, nicht die Behandlung, macht den Unterschied. Und sagte nicht Jesus zu dem Kranken: Steh auf, dein Glaube hat dir geholfen? Eine beispielhaft bescheidene Geste, mit der er sich nicht in den Vordergrund stellt und mit der er das Selbstbewusstsein des anderen stärkt.

Der Glaube beeinflusst unsere Wahrnehmungen. Durch das Netzwerk von Glaubenssätzen in unserem Kopf erhalten Nachrichten unterschiedliche Bedeutungen. Das geschieht sogar auf der Ebene des Nervensystems. Wir sind in der Lage, über unseren Glauben von außen einströmende Reize neu zu interpretieren. Die Schilderung zweier Experimente wird diesen Gedanken klarer machen: Man berührte Versuchspersonen unter Hypnose mit Eis und suggerierte ihnen, es handele sich dabei um ein Stück heißes Metall. Bei allen Probanden bildeten sich an der Berührungsstelle Brandblasen.

Die beiden amerikanischen Psychologen Robert Rosenthal und Leonore Jacobsen gaben Grundschülern einen Intelligenztest zur Bearbeitung. Dann wurde den Lehrern erklärt, diese seien keine gewöhnlichen Intelligenztests, sondern diese könnten die zukünftige intellektuelle Entwicklung der Kinder vorhersagen. Auf diese Weise wurde in den Lehrern die Erwartung geweckt, dass sich diese Kinder in Zukunft deutlich verbessern würden. Nach dem Zufallsprinzip wurden nun zwanzig Prozent der Kinder ausgewählt und den Lehrern als diejenigen genannt, die im nächsten Jahr außergewöhnliche Leistungszuwächse zeigen würden. Tatsächlich waren die Kinder aber genauso gut oder schlecht wie die anderen auch. Als man jedoch ein Jahr später die Kinder einer Nachtestung unterzog, zeigte sich, dass die ausgewählten Schüler signifikant größere

Zuwächse in den Testwerten hatten als ihre Mitschüler. Die positive Erwartungshaltung der Lehrer hatte sich offenbar direkt auf die Leistung der Schüler ausgewirkt.

Glaubenssätze sind immer mit emotionalen Reaktionen verbunden. Die häufigsten Folgen von Glaubenssätzen lassen sich den folgenden Kategorien von Gefühlen zuordnen:

- **Hoffnungslosigkeit und Hilflosigkeit:** Ein Glaube, dass das erwünschte Ergebnis nicht erreichbar ist, ungeachtet vorhandener Fähigkeiten und Ressourcen. **Hilfreich:** Ich verfüge über alle Ressourcen, meine Ziele, die ich mir gesteckt habe, zu erreichen. Wenn es noch etwas zu lernen gibt, schaffe ich das.

- **Wertlosigkeit:** Ein Glaube, man verdiene das erwünschte Ziel nicht, weil man etwas getan bzw. nicht getan hat oder weil man einfach in einer bestimmten Weise ›ist‹, zum Beispiel: Es steht mir nicht zu, ein leichtes Leben zu haben. **Hilfreich:** Ich habe es verdient, das erwünschte Ergebnis zu erreichen.

- **Bedeutungslosigkeit:** Ein Glaube, dass die angestrebten Ergebnisse für sich selbst wie für die Mitmenschen keinerlei Bedeutung aufweisen. **Hilfreich:** Ich bin der Mittelpunkt meines Lebens.

- **Sinnlosigkeit:** Ein Glaube, dass das Leben sinnlos sei und das Erreichen eines erwünschten Ergebnisses erst gar nicht angestrebt wird. **Hilfreich:** Die Ziele die ich mir stecke, passen zu mir und meinem Lebensprozess und geben meinem Leben einen Sinn.

*Wenn ein Problem gelöst werden kann,*
*warum unglücklich sein?*
*Und wenn es nicht gelöst werden kann,*
*was kann es dann für einen Sinn machen,*
*unglücklich zu sein?*
Quelle unbekannt

# TEIL 2

# Lösungen fokussieren

*Verbringe die Zeit nicht mit der Suche nach einem Hindernis – vielleicht ist keines da.*
Franz Kafka

Anstatt zu versuchen, Probleme zu lösen, (er)finden Sie besser Lösungen! Die lösungsfokussierte Methode der Psychotherapeuten Steve de Shazer (1940–2005) und seiner Frau Insoo Kim Berg wurde von ihnen 1982 erstmals vorgestellt und als Schule von Milwaukee bekannt. Sie ist keine Psychotherapie im eigentlichen Sinne, denn sie verändert Menschen nicht, sondern unterstützt sie zur Selbsthilfe, damit sie ihre Ziele aus eigener Kraft erreichen.

Steve de Shazer war von der Philosophie Ludwig Wittgensteins sehr beeinflusst, der im *Tractatus* bereits schrieb, Problem und Lösung stünden in keinem Zusammenhang. Zu wissen, wie der Karren in den Dreck gelangt ist, heißt noch lange nicht, dass man dann auch weiß, wie man ihn wieder herausziehen kann. Die Lösungsfokussierung baut auf Milton Ericksons Technik ›Pseudo-Orientierung in der Zeit‹ auf und befasst sich mit der Entdeckung und Konstruktion von Lösungen. Sie geht davon aus, dass es wenig bringt, ein Problem zu analysieren und zu verstehen.

Verstehen allein nützt nicht viel. Jeder Raucher weiß, dass es ungesund ist zu rauchen, und durch das Wissen allein, dass die eigene Angst vor Menschen auf einer schlimmen Kindheit beruht, ist man sie auch nicht los. Eine Veränderung kann also wenig mit Verstehen zu tun haben. Das Problem zu fokussieren, sich aufzuregen oder gegen es anzukämpfen, löst es ebenfalls nicht. Probleme können problematisch sein, was nicht bedeutet, dass man die Herausforderungen, die sie beinhalten, nicht lösen könnte. Problematisch sind die Dinge nur, insoweit wir selbstproblemorientiert denken. Je komplizierter ein Mensch denkt, desto komplizierter wird das Ganze. Je einfacher der Mensch denkt, desto einfacher wird es. Für solche Menschen wird es nicht kompliziert, sondern höchstens komplex und somit auch lösbar. Ob ein Problem bewältigt und somit gelöst werden kann oder nicht, bestimmt einzig das Bewusstsein desjenigen, der das Problem hat. Als die Verkörperung eines Schöpfers werden Sie derjenige sein, welcher das Zepter führt.

Als Fleisch gewordenes Opferbewusstsein allerdings wird die Suche nach einer Lösung nur zu weiteren Problemen führen. Es wird von Mal zu Mal schwieriger werden, besonders dann, wenn Sie ständig über das Problem sprechen. Dies führt im Extremfall dazu, dass man ein Leben lang keinen Ausweg mehr findet. Diese Haltung entscheidet wahrhaft über Sein oder Nichtsein. Wenn Sie sich für das Opferbewusstsein entschieden haben, wird sich dieses Bewusstsein jetzt wehren. Dann brauchen Sie gar nicht weiter zu lesen, denn Sie hätten sofort den Kopf voller Gegenargumente. Wenn Sie Schöpfer sind, können Sie sich als Konstrukteur Ihres Problems erkennen und wertschätzen – so merkwürdig das auch klingen mag. Denn dann wissen Sie: Es gibt immer eine Lösung und Sie werden gestärkt aus dieser Situation hervorgehen. Und genau dies ist die wohl hilfreichste Haltung überhaupt. Wer tief davon überzeugt ist, dass ein Problem nur schwer oder gar nicht lösbar ist, wird recht behalten. Warum? Weil der Verstand immer recht haben will. Dafür geht er buchstäblich über Leichen.

Wenn Sie wissen, dass Sie Schöpfer sind, betrachten Sie Probleme als Geschenke. Deren Verpackung ist meist größer als der Inhalt und schafft es hervorragend, uns abzuschrecken und zu täuschen. Nun kommt es darauf an, ob wir uns abschrecken lassen oder nicht. Sofern Sie in solchen Momenten noch im Besitz Ihrer Entscheidungsfähigkeit sind, werden Sie die Lösung finden. Jedes Problem konfrontiert uns mit unerwünschten Gefühlen. Mit Gefühlen, die wir nicht fühlen wollen. Gefühle, die manchmal so schmerzhaft sind, dass Bewusstsein und Körper alles versuchen, um sicherzustellen, dass wir diese Gefühle nicht haben müssen.

Wenn Sie meditieren, kommen Sie früher oder später auf die Lösung, indem Sie das Gefühl, um welches es sich jenseits Ihrer Reaktionen handelt, einfach fühlen und da sein lassen – und zwar so lange, bis es von selbst schwächer wird und sich vollkommen integriert hat, so als würde man ein Glas voll schmutzigen Wassers in einen klaren See schütten. Sobald kein Unterschied mehr zwischen dem Inhalt des Glases und dem Wasser des Sees zu erkennen ist, wurde der Prozess der Integration vollzogen. Integration bedeutet das Aufgeben jeglichen Widerstandes. Es ist bedingungslose Akzeptanz dessen, was ist. Das klingt einfach, bedarf aber einiger Übung. Da jeder Rest eines solchen Gefühls sich selbst immer wieder erschafft, ist es ratsam, genau vorzugehen und niemals frühzeitig mit einer Integration aufzuhören. Doch hat man sich diese Fähigkeit erst einmal angeeignet, dann ist es einfach nur noch erstaunlich, wie effizient diese Methode wirkt. Auf den Punkt gebracht: Was als Problem erscheint, birgt in sich bereits eine Idee, die zur Lösung führt. Es ist bereits der Same der Lösung. Einem Samen sehen Sie ja auch nicht unbedingt schon an, was daraus einmal werden wird. Es gibt nur zwei Fallen: zu oberflächlich zu sein oder zu weit zu suchen. Mit ein wenig Übung gelingt aber auch dies. Der Verstand ist bei diesem Integrationsprozess übrigens nur hinderlich. Denn es geht hier nicht um logische Zusammenhänge, sondern um gefühlsmäßige Verbindungen. Logik kann Gefühle nur relativieren, aber nicht integrieren.

Auch lässt sich das nicht durch Lesen erfassen. Bewusstsein und komplexe Bewusstseinsformen wie Menschen sind nur durch Eintauchen ganz und gar zu erfassen; nichts kann eine direkte Erfahrung ersetzen. Sie müssen bis auf den Grund tauchen. Wenn Sie schwimmen, bleiben Sie lediglich an der Oberfläche.

**Grundaussagen des lösungsfokussierten Ansatzes:**

- Wenn etwas ganz ist, brauchst du es nicht zu reparieren.
- Wenn etwas funktioniert, tu mehr davon.
- Wenn etwas nicht funktioniert, mach etwas anderes. (Wenn das Pferd tot ist, steige ab.)
- Die Lösung ist nicht notwendigerweise mit dem Problem verbunden.
- Kleine Schritte führen zu großen Ergebnissen (oder wie, glauben Sie, besteigt man den Everest?).

- Die Sprache der Lösung ist anders als die des Problems.
- Kein Problem besteht immer, es gibt Ausnahmen, die genutzt werden können.
- Die Zukunft wird erschaffen und ist verhandelbar.

## Ressourcenfragen

Wesentliche Elemente der lösungsfokussierten Arbeit sind die Fragen nach Ressourcen. Haben wir einmal etwas als Problem definiert, sind wir in der Regel sehr darauf fokussiert. Wir richten sozusagen den Strahl unserer mentalen Taschenlampe genau auf diesen unerwünschten Zustand, fragen uns in solchen Situationen jedoch nicht, was gut läuft.

Durch das Beantworten von Ressourcenfragen defokussieren Sie sich vom Problem und beleuchten das, was funktioniert. In der Regel nimmt die Schwere des Problems ab, je mehr solcher Fragen beantwortet werden können. Meine Klienten, die zum Coaching kommen, befinden sich meist in einem Problemzustand und sind zunächst einmal erstaunt, wenn ich ihnen zu Beginn solche Fragen stelle. Gewöhnlich sind sie darauf aus, möglichst viel von ihrem Problem zu berichten, was ja durchaus verständlich ist, da sie einen Ratschlag erwarten. Am liebsten sogar ein Rezept, wie bei einem Arztbesuch. Da ich aber davon ausgehe, dass jeder Mensch die Lösung für seine Probleme tief in seinem Inneren bereits zur Verfügung hat, stelle ich Fragen. Indem er die Fragen beantwortet, *erinnert* er sich an seine Lösung.

Wenn ein Klient zum Beispiel von vielen schlimmen Dingen berichtet, die er zurzeit durchmacht, frage ich ihn nicht, seit wann diese Probleme bestehen, wie sich das alles anfühlt oder wo wohl seiner Meinung nach die Ursache dafür zu finden sei, sondern ich frage ihn, wie er es schafft, bei all diesen Widrigkeiten noch zur Arbeit zu gehen oder andere Dinge seines Alltags zu erledigen, und welche Gedanken er sich bereits in Richtung einer Lösung gemacht hat. Jetzt muss mein Klient mir Ressourcen nennen. Damit sind seine inneren Potenziale gemeint, z. B. Fähigkeiten, Kenntnisse, Geschicke, Talente, Erfahrungen und Stärken, über die er sich in seinem Problemzustand meist gar nicht bewusst ist.

Die Lösungsfokussierung ist ein Kommunikationsstil, der sich nicht auf Coaching oder Therapie beschränkt, sondern sehr alltagstauglich ist. Folgende Fragen können Sie sich auch selbst beantworten:

- Worauf bin ich stolz?
- Was schätzen andere, mir wichtige Menschen an mir?
- Was funktioniert immer noch gut?
- Was tue ich gerne?
- Was macht mir Freude?
- Welche meiner Überzeugungen haben mich weitergebracht?
- Was war in früheren, vielleicht ähnlichen Situationen hilfreich?
- Auf welche meiner Fähigkeiten oder Stärken konnte ich mich immer verlassen?

- Wenn es ein Buch über mein Leben geben würde, auf welches Kapitel wäre ich besonders stolz ... und was sagt das über mich?
- Was soll so bleiben, wie es ist?
- Was würde meine beste Freundin/mein bester Freund sagen, warum sie/er mit mir befreundet ist?
- Worüber habe ich mich in letzter Zeit gefreut?

Nehmen Sie sich die Zeit und schreiben Sie alle Ressourcen auf, die Ihnen im Moment einfallen. Ergänzen Sie diese Liste, wenn Ihnen im Alltag weitere Ressourcen bewusst werden. Fragen Sie auch Menschen, die Ihnen etwas bedeuten, welche Ressourcen diese an Ihnen entdeckt haben.

## Die Wunderfrage

Der Prozess der Wunderfrage ist ein wesentliches Element der systemisch lösungsorientierten Vorgehensweise. Hierbei werden Sie nicht auf ein Ziel fokussiert, sondern in der Tat in die Lösung hinein, in ein neues morphisches Feld. Sie schauen sozusagen rückwärts (zeitlich gesehen) auf einen gewünschten Zustand. Und das Wunder ist viel mehr als ein definiertes Ziel, so wie die Wunderfrage viel mehr ist als eine Frage. Sie sieht auf den ersten Blick sehr einfach aus. Wenn Sie sich ihr wirklich stellen, werden Sie bemerken, wie komplex und hilfreich sie ist.

**Es geht los:**

Ich möchte Ihnen jetzt eine etwas ungewöhnliche Frage stellen ... sie erfordert sicherlich etwas Fantasie bei der

Beantwortung, ist allerdings sehr hilfreich dabei, herauszufinden, wohin es gehen soll.

Stellen Sie sich bitte Folgendes vor: Wenn Sie das Buch später aus der Hand gelegt haben, verläuft der Rest des Tages so, wie er verläuft. Sie tun, was Sie tun … vielleicht sprechen Sie noch mit jemandem über die Dinge, die Sie gelesen haben, oder Sie gehen essen oder bleiben zu Hause, vielleicht treffen Sie sich mit Freunden oder auch nicht …

Irgendwann am Abend werden Sie müde und legen sich nieder ... und irgendwann schlafen Sie ein ... und … angenommen, nur einmal angenommen … während Sie schlafen, geschähe ein Wunder – und das Wunder wäre folgendes: Alles, was sie belastet oder stört, ist gelöst … einfach so … und wenn das so schnell ginge, wäre das ja wirklich ein Wunder. Am nächsten Morgen erwachen Sie und das Wunder ist geschehen. Woran werden Sie es bemerken?

Was wäre alles anders? ... Und was wäre noch anders? ... Vielleicht bemerken Sie das Wunder ja auch noch nicht direkt beim Aufwachen. Wann ist dann der erste Zeitpunkt, an dem Sie es bemerken? ... Was tun Sie anders? ... Oder tauchen neue Gedanken auf? … Oder empfinden Sie anders? ... (Man kann gar nicht genug Zeit damit verbringen, über dieses Wunder nachzudenken. Ebenfalls kann man gar nicht genug über Unterschiede nachdenken.)

Denken Sie auch an Personen, die das Wunder bemerken werden – und woran diese das Wunder bemerken würden. Je mehr Ihnen da einfällt, desto realistischer wird es.

Also: Bemerkt außer Ihnen jemand das Wunder? ... Wer wird es außer Ihnen bemerken? ... Wie wird der- oder diejenige auf das Wunder reagieren, was vermuten Sie? ... Wie reagieren Sie dann auf diese Reaktion? ... Wer wird es sonst noch bemerken? Und so weiter.

Wenn Sie sich diese Fragen beantworten, werden Sie innerlich einen Teil der Lösung bereits erleben. Die Beantwortung der Wunderfrage bringt also mit sich, dass Sie den Lösungszustand bereits erfahren.

**Noch einmal zusammengefasst:**

- Was genau wäre im Wunder anders?
- Wie würden Sie sich anders verhalten?
- Was würden Sie tun, wenn Sie sich von dem beklagten Zustand befreit fühlen?
- Welche Gedanken/Gefühle sind dann anders?
- Wer in Ihrer Umgebung würde bemerken, dass dieses Wunder geschehen ist? Und wie würden diese Personen darauf reagieren?
- Wann war es in letzter Zeit schon einmal so ein bisschen wie nach dem Wunder?
- Was können Sie jetzt tun, um ein Stück dieses Wunders schon jetzt passieren zu lassen?

**Ähnlich oder unähnlich?**

Dann fragen Sie sich bitte noch: Gibt es jemanden aus Ihrer Familie, der oder die das nicht hatte, was Sie nach dem Wunder haben werden (zum Beispiel eine glückliche Ehe, Erfolg im Beruf etc.)?

Nehmen sie sich Zeit bei der Beantwortung dieser wichtigen Frage. Eine wichtige Erkenntnis aus der systemischen Arbeit ist, dass wir ein Ziel, das wir uns selbst gesteckt haben, nicht erreichen, wenn es jemand aus unserem Familiensystem nicht erreicht hat. Es handelt sich dabei um einen

Solidaritätskonflikt mit jemandem, den wir lieben. Die Seele sagt dadurch sozusagen dem Vater, der Mutter oder den Großeltern: »Ich bin nicht besser (stärker, schlauer oder erfolgreicher) als ihr.«

Das ist natürlich kein bewusster Prozess, sondern wird geführt von tiefen inneren Seelenanteilen. Falls Sie Ihren Eltern oder anderen Mitgliedern Ihres Systems zeigen wollen, dass Sie (in welcher Hinsicht auch immer) besser und erfolgreicher sind als sie, hat das immer einen Preis. Manchmal heißt der Burn-out. Wenn Sie also eine Person X (oder mehrere) identifiziert haben, stellen Sie sich die Frage: »Angenommen, X wäre jetzt hier. Was würde X dazu sagen, dass bei mir das Wunder geschehen ist?«

Das Erstaunliche ist, dass sich diese Person in der Regel für uns freut, wenn wir das erreicht haben. Dann können Sie mit dem Experiment, das ich weiter hinten beschreiben werde, fortfahren. Wenn dem nicht so ist, empfehle ich Ihnen, eine Familienaufstellung zu machen, in der dieser Konflikt gelöst werden kann.

Ich möchte dies anhand eines Beispiels verdeutlichen. Bettina M., eine junge Frau von 33 Jahren, kam zu einem meiner Aufstellungsseminare mit der Klage: »Ich habe immer Pech mit Männern.«

Sie schilderte, immer wieder nur kurze Beziehungen einzugehen, die meist nach drei Monaten endeten. Ihr Ziel war es aber, eine dauerhafte, glückliche Beziehung mit Heirat und gemeinsamen Kindern zu führen. Nachdem sie die Wunderfrage in aller geforderten Ausführlichkeit beantwortet hatte, stellte ich ihr die Frage nach der Unähnlichkeit, also wem in der Familie sie nach Eintreten des Wunders unähnlich werde.

»... Ich werde dann meiner Großmutter unähnlich«, gab sie zur Antwort. Auf Nachfragen erklärte sie, die ersten Jahre ihres Lebens bei der geliebten Großmutter aufgewachsen zu sein. Diese war sehr glücklich verheiratet gewesen, hatte aber nach dreijähriger Ehe ihren Mann durch einen Unfall verloren. Ihre Großmutter, damals noch selber eine junge Frau, ging nie wieder eine Beziehung zu einem Mann ein.

In der Seele meiner Klientin hatte sich folgender Glaubenssatz manifestiert: Wenn ich einen Mann finde, den ich liebe und heirate, dann verliere ich ihn nach kurzer Zeit. In der folgenden Aufstellung konnte Bettina M. diesen Glaubenssatz auflösen.

Das ist jetzt drei Jahre her. Inzwischen ist Bettina M. glücklich verheiratet und hat mit ihrem Mann eine Tochter.

Was wir in Aufstellungen immer wieder beobachten können: Es scheint sehr wichtig zu sein, dass man das, was die Eltern oder Großeltern nicht hatten, aus tiefstem Herzen und ganz gesammelt würdigt.

Natürlich kann es auch sein, dass Sie es Ihren Eltern beweisen wollen, nach dem Motto: Du hast es nicht geschafft, also zeige ich dir jetzt, wie es geht. Oder Sie fühlen sich dazu verpflichtet, das Lebenswerk des Vaters oder der Mutter fortzusetzen. Solche Denk- und Verhaltensmuster haben ebenfalls einen Preis, oft den des Burn-out.

Wenn Sie die Frage nach der Unähnlichkeit mit Nein beantwortet haben, stellen Sie sich die Frage: Gibt es jemanden, dem ich durch das Wunder ähnlich werde? Falls Sie diese Frage mit Ja beantworten, fragen Sie sich: Gibt es einen Grund, das nicht zu wollen?

Ich möchte Ihnen auch dazu ein Beispiel aus einem meiner Coachings geben. Frank S. (24) wurde von seinen

Eltern zu mir geschickt, weil er das Medizinstudium nicht schaffte. Ständig ›passierte‹ irgendetwas. Kurz vor Prüfungen wurde er krank oder andere Umstände traten ein, die ihn am erfolgreichen Abschluss hinderten. Wir führten den Prozess der Wunderfrage durch (nachdem ich ihn selbst ebenfalls als Klienten vor mir sitzen hatte und nicht nur sinnbildlich seine Eltern, die ihn ja geschickt hatten).

Auf die Frage nach der Unähnlichkeit fiel ihm niemand ein. Also fragte ich ihn, wem er denn durch das Wunder ähnlich sein würde. Ohne lange zu überlegen, meinte er, er wäre allen aus seiner Familie ähnlich geworden, hätte er das Studium geschafft und wäre Arzt geworden. Sein Vater nämlich war ein bekannter Herzchirurg, seine Mutter führte als Kieferorthopädin eine gut gehende Praxis, schon der Großvater war ein erfolgreicher Arzt gewesen. Also fragte ich ihn, ob es einen Grund gäbe, das nicht zu wollen. Wie aus der Pistole geschossen kam als Antwort ein erstauntes Ja klar!

Ich fragte weiter: Inwiefern? Und Franks Antwort lautete, zu Hause gäbe es gar kein Familienleben. Nicht einmal gemeinsame Urlaube, und ganz selten komme es vor, dass die Familie gemeinsam essen würde – außer bei Feierlichkeiten. Jeder war praktisch nur mit Arbeit beschäftigt und hatte aus seiner Sicht nichts vom Leben.

Frank nun bewohnte ein eigenes Apartment im Elternhaus, seine Wäsche wurde vom Dienstmädchen gewaschen, er wurde bekocht oder ging mit Freunden zum Essen. Darüber hinaus bekam er viel Taschengeld, hatte ein Auto und konnte, wann immer er wollte, feiern gehen oder in Urlaub fahren.

Daraufhin meinte ich mit einem Augenzwinkern, dass er wohl als Einziger in der Familie begriffen habe, worum es im Leben wirklich gehe. Er stutzte und brach dann in lautes Gelächter aus. So hatte er das noch nie gesehen – und seine Eltern sicher auch nicht. Bisher hatte seine Familie Frank als Versager betrachtet und er hatte sich dieser Einstellung gemäß verhalten. Jetzt konnte er daran arbeiten, ein erfolgreicher Arzt zu sein, der auch etwas vom Leben hat. Denn Mediziner war wirklich sein Wunschberuf. Bald darauf hatte er das Studium erfolgreich absolviert. Zurzeit arbeitet er als Oberarzt in einer Kölner Klinik, um sich demnächst in eigener Praxis niederzulassen. Er hat eine feste Freundin, mit der er viel gemeinsam unternimmt. Da er auch die Ausbildung zum Coach bei uns absolviert hat, arbeitet er mit seinen Patienten lösungsfokussiert, was ihn bei diesen sehr beliebt macht.

Nachdem Sie nun beide Beispiele gelesen, aber diese Art der Arbeit selbst vielleicht noch nicht kennengelernt haben, überprüfen Sie doch einmal, was Ihr Verstand gerade macht. Und wenn Sie nicht wissen, was ich meine, lesen Sie nach, was ich über den Verstand geschrieben habe. Über solche Dinge zu reden ist ungefähr das Gleiche, wie über ein viergängiges Menü zu sprechen, ohne einen Bissen probiert zu haben.

Johann Wolfgang Goethe schrieb:
»In dem Augenblick, in dem man sich endgültig einer Aufgabe verschreibt, bewegt sich die Vorsehung auch. Alle möglichen Dinge, die sonst nie geschehen wären, geschehen, um einem zu helfen. Ein ganzer Strom von Ereignissen wird in Gang gesetzt durch

diese Entscheidung und sorgt zu den eigenen Gunsten für zahlreiche unvorhergesehene Zufälle, Begegnungen und materielle Hilfen, die sich kein Mensch vorher je so erträumt haben könnte. Was immer Du kannst, oder Dir vorstellst, dass Du es kannst, beginne es! Kühnheit trägt Genius, Macht und Magie in sich. Beginne jetzt!«

## Das Experiment

Erst nachdem Sie sich die Wunderfrage ausführlich beantwortet haben, schlage ich Ihnen ein Experiment vor. Es wird zwar ein wenig Zeit und Mühe kosten, Sie Ihrem Ziel aber entscheidend näherbringen, weil Sie damit aktiv ein neues morphisches Feld erschaffen:

Werfen Sie bitte in der nächsten Zeit jeden Abend vor dem Zubettgehen eine Münze. Wenn die Zahl erscheint, tun Sie am nächsten Tag so, als sei das Wunder geschehen, erzählen aber niemandem davon. Sie verhalten sich also in genau der Art und Weise, wie Sie bei der Beantwortung der Wunderfrage vorgegangen sind. Erscheint die andere Seite der Münze, dann verhalten Sie sich so, wie Sie möchten. Achten Sie bitte an den Wundertagen darauf, ob es jemanden gibt, der Ihren Wundertag auch bemerkt und wie diese Person darauf reagiert.

Führen Sie dieses Experiment mindestens zwei Wochen lang durch und ziehen Sie dann ein Resümee. Es ist einfach, aber nicht leicht.

# Meditation führt ins Unbekannte

*Wenn die Lippen schweigen,*
*hat das Herz hundert Zungen.*
Rumi

Durch Meditation lassen sich Stress oder auch Depressionen lindern, wenn nicht sogar auflösen. Bereits wenige Sitzungen reichen aus, wie an der Uni Tübingen herausgefunden wurde. Schon nach acht Wochen zeigten sich bei den Probanden deutliche Veränderungen. Tief im Inneren des Gehirns verstärkten sich Nervenbahnen und es wuchsen sogar neue. Was die Hirnforschung inzwischen bewiesen hat, erfahren meditierende Menschen bereits seit Jahrhunderten.

Allein die Frage: »Was ist Meditation?«, bereitet den meisten Menschen Kopfzerbrechen. Bruder Josef Götz, Mönch in der Benediktinerabtei St. Ottilien in der Nähe des Ammersees, beschreibt seine Meditationserfahrungen folgendermaßen:

»Wie die Kamele regelmäßig zum Wasserschöpfen gehen, so gehen wir Benediktiner fünfmal am Tag in die Kirche, um Kraft zu schöpfen. Die Andachten sind für mich Meditation. Ich stehe um fünf Uhr morgens auf und rezitiere Psalmen. Der Rhythmus und die Symbolik sorgen für innere Ruhe und Ordnung. Ich habe einen Text zur Hand, den ich gleichsam immer wiederkäue wie ein gutes Brot.«

Längst hat die Hirnforschung bewiesen, dass Gedanken in der Lage sind, Gehirnstrukturen physisch zu verändern und damit unseren angeborenen ›charakterlichen Fingerabdruck‹. Der amerikanische Hirnforscher Richard Davidson sieht daher Meditation ebenfalls als Weg, das Gehirn zu heilen:

»Ich bin aufgrund meiner bisherigen Forschungsergebnisse davon überzeugt, dass wir Störungen wie z. B. ADHS besser beheben können. Wir können die Aufmerksamkeit der Kinder erhöhen – genauso effektiv wie mit Medikamenten, aber eben ohne sie. Es gibt, grob gesagt, zwei Bereiche des Gehirns, die durch Meditation beeinflusst werden. Zum einen sind das Schaltkreise, die wichtig sind, um unsere Aufmerksamkeit zu regulieren, also unsere Konzentrationsfähigkeit. Und dann solche, die für die Regulierung unserer Gefühle wichtig sind.«

Das Ziel der Seele ist Selbstverwirklichung. Sie möchte zu all dem werden, was sie sein kann, während sie sich in Ihrem Körper aufhält. Dazu ist Meditation einer der Schlüssel. Jeder hat die Fähigkeit, zu meditieren. Eigentlich brauchen Sie sich nur zu erinnern – oder was, meinen Sie, haben Sie in den ersten neun Monaten Ihres Lebens getan?

Meditation ist versöhnliche Friedensarbeit; eindrucksvoll von Papst Franziskus demonstriert, als er im Juni 2014 mit Israels Präsident Shimon Peres und Palästinenser-Chef Mahmut Abbas gemeinsam betete. Beide waren zum Vatikan gereist und damit einer Einladung des Papstes gefolgt. Zu dritt saßen sie in den Vatikanischen Gärten und pflanzten einen Olivenbaum – Symbol des Friedens! »Ich hoffe, dass diese Begegnung der Beginn eines neuen Weges auf der Suche nach dem sei, was eint, und um das zu überwinden, was trennt«, sagte Franziskus. Das Treffen sei eine Begegnung, »die dem brennenden Wunsch all derer entspricht, die sich nach dem Frieden sehnen.« Leider fand sein Bemühen bei seinem obersten Chef kein Gehör, wie man nur einen Monat später, im Juli erfahren musste. Man kann nur hoffen, dass der Same, der in den päpstlichen Gärten eingepflanzt wurde, irgendwann doch noch aufgeht.

Es ist unmöglich, gestresst zu sein in der Gegenwart eines Menschen, der beschlossen hat, friedfertig zu sein. Viele verwechseln Meditation mit Nichtstun und sind skeptisch, weil sie ja auf dieses Mehr-und-Mehr ausgerichtet sind, auf das Tun.

In Meditation lassen Sie die bewussten Aktivitäten Ihres Verstandes außen vor und überlassen sich ganz den Bewegungen der Seele. Das gilt im Übrigen auch für die körperorientierten Techniken, die ich hier noch beschreiben werde. Und da ist dieses Außenvorlassen noch schwerer zu begreifen. Unser Verstand ist damit in der Regel heillos überfordert. Was er vielleicht tun wird, ist, den Ehrgeiz auch auf das Meditieren zu projizieren. Das aber wäre fatal, da es wirkungslos und im schlimmsten Falle sogar gefährlich ist. Psychiater berichten vom Krankheitsbild der *overmeditationed people.* Dabei handelt es sich um Menschen, bei denen Meditation zur Obsession geworden ist und die dadurch ihrem Leben entfliehen. Sie ziehen sich von ihren sozialen Kontakten zurück und geraten zunehmend in die Isolation. Auch in solchen Fällen wurde Meditation zum Leistungsprinzip. Es geht beim Meditieren sicher um vieles, aber nicht um Ehrgeiz.

Auf der rein körperlichen Ebene wirkt Meditation entspannend und beruhigend. Sie löst Verspannungen im

Körper und beugt chronisch stressbedingten Erkrankungen vor. Deshalb wird Meditation inzwischen auch vom Berufsverband der Betriebskrankenkassen als Stressprophylaxe empfohlen. Auf der mentalen Ebene bedeutet Meditation, sich das Chaos seiner Gedanken anzuschauen und es zu ordnen, anstatt sich davon herumwirbeln zu lassen. Meditation bewirkt, dass Beobachter und Beobachtetes nach und nach eins werden.

Allerdings gibt es das nicht umsonst: Disziplin, Konzentration und Ausdauer sind schon erforderlich. Die Belohnung ist ein gesunder Abstand zu den Gedanken und Gefühlen. Dieser manifestiert sich in einer positiven Grundhaltung dem Leben gegenüber, die dann von Ruhe und Ausgeglichenheit geprägt ist. Dabei stellt man nicht nur fest, dass ein Teil des krankmachenden Stresses hausgemacht ist, man findet auch heraus, welcher Teil das ist und was man ändern kann.

Sie werden zahlreiche Angebote finden, Meditation zu erlernen. Es gibt dabei auch viele religiöse Lehrer, und manch einer von ihnen wird behaupten, seine Lehre sei die einzig richtige. Dies macht es nicht gerade einfacher.

Die Lehrer der meisten Religionen lassen uns von Kindesbeinen an glauben, dass wir schlecht und unzureichend, ja, dass wir Sünder sind. Kinder glauben so etwas, obwohl sie tief im Inneren wissen, dass es nicht stimmt. Beantworten Sie sich selbst die Frage, ob man solch einem Lehrer wirklich vertrauen kann. Was sind das für Lehrer, die uns von einem rachsüchtigen Gott erzählen, den man fürchten und dem man bedingungslos gehorchen muss? Ängstliche Menschen sind leicht zu manipulieren und bleiben immer Kind. Sie kommen auch nicht auf die Idee, ganz logische Fragen zu stellen, etwa: »Wie kann ich einen freien Willen haben, wenn ich dem Willen eines anderen, nämlich dem dieses bösen Gottes, entsprechen muss?«

Man lehrt uns sogar die ›richtigen‹ Methoden und Wege, wie wir uns an Gott zu wenden haben. Aber welcher Weg ist denn nun der richtige? Ich glaube nicht, dass Gott angebetet werden möchte. Das wollen egozentrische Herrscher. Gott möchte sicher, dass wir erkennen, wer wir sind, und uns zu dem Menschen entwickeln, der nur wir sein können. Gott möchte, dass wir uns lieben und dabei erkennen, dass wir auch andere Menschen lieben können, so wie sie sind. Wie schon gesagt: Hätte Gott jemand anderen gewollt, so hätte er diesen erschaffen können.

Sie müssen als Erwachsener Ihre eigene Wahrheit über Gott herausfinden. Es gibt jedoch eine gute Nachricht: Wenn Sie meditieren, wird es nicht lange dauern, bis Sie sich daran erinnern, dass alles eins ist und dass Sie ein Teil davon sind. Nicht mehr getrennt, wie Ihnen Ihr Ego eingeflüstert hat, sondern verbunden mit allem. Und dann wird aus Einsamkeit All-ein-sein. Das ist das größte Geschenk, das Sie sich selbst machen können, und das kann Ihnen niemand mehr nehmen.

Nicht jede Form der Meditation ist für alle geeignet. Allzu viel hängt von der momentanen psychischen und physischen Verfassung ab. Ein guter Lehrer findet gemeinsam mit Ihnen heraus, welche Meditation gerade zu Ihnen passt. Er wird Sie dabei nicht in eine bestimmte Glaubensrichtung lenken. Falls er das versucht, suchen Sie am besten schleunigst das Weite. Ein guter Lehrer zeigt Ihnen, wohin Sie schauen, nicht aber, was Sie dort sehen sollen. Wenn es auch den Anschein erwecken mag: Wissen kann auch in diesem Fall nicht einfach übertragen werden, Sie müssen schon selbst lernen. Während der *Burn-In-Seminare*, die wir mehrmals im Jahr durchführen, können Sie Erfahrungen mit den unterschiedlichsten Meditationstechniken machen, wobei Ihnen das gemeinsame Meditieren in der Gruppe den Einstieg enorm erleichtert.

Meiner Erfahrung nach ist es sinnvoll, zunächst einmal mit den eher körperorientierten Methoden zu arbeiten, die ich später in diesem Buch beschreiben werde. In unserem westlichen Kulturkreis fällt es Menschen meist recht schwer, sofort still zu sitzen und dabei die erstrebte Leere zu erreichen.

Wenn Sie zu meditieren beginnen, werden Sie noch sehr häufig durch Ihre Alltagsgedanken abgelenkt werden. Fatal wäre es, sich dagegen zu wehren, weil Sie der Meinung sind, dies dürfe nicht sein. Wahrscheinlich wissen Sie, dass Gegenwehr automatisch die Gegenkräfte hervorruft. Erlauben Sie sich also Ihre Gedanken, halten Sie sich aber an keinem fest. Lassen Sie die Gedanken ziehen wie weiße Wolken am Himmel, ohne sie zu bewerten oder zu beurteilen. Vielleicht erinnern Sie sich, wie Sie als Kind auf einer Wiese gelegen und in den Wolkenbildern Tierformen und anderes entdeckt haben. Mit fortwährender Übung wird es Ihnen mehr und mehr gelingen, sich auf die Stille einzulassen. Sie erreichen nach und nach subtilere und grundlegendere Erfahrungsbereiche. So wie man eine Zwiebel von all ihren Schalen und Schichten befreit, gelangen Sie irgendwann zum Kern, dem grenzenlosen Bewusstsein oder dem, was von spirituellen Meistern als Weder-Wahrnehmung-noch-Nicht-Wahrnehmung beschrieben wird. Wenn Sie diese Geisteshaltung des Beobachters entwickeln, werden Sie sehr bald spüren, wie viel Kraft Sie dadurch bekommen.

Es ist zwar mehr als 30 Jahre her, aber ich erinnere mich noch genau an meine erste Begegnung mit Meditationen. Soll ich Ihnen etwas verraten? Es war furchtbar. Und zwar im wahrsten Sinne des Wortes. Was sich mein Verstand natürlich nicht eingestehen wollte – der urteilte und verurteilte sofort, ganz seiner Aufgabe gemäß: recht haben zu müssen.

Sicherlich haben Sie schon bemerkt, dass es uns Menschen gewissermaßen ein Bedürfnis ist, recht zu haben. Dies ist ein Aspekt der Selbsterhaltung des Egos. Genauer gesagt: Rechthaben ist ein Überlebenstrick, der in der Vergangenheit erfolgreich angewendet wurde. Wenn dieser in der Gegenwart nicht funktioniert, kann man das verzweifelte Bemühen beobachten, ihn dennoch zur Anwendung zu bringen, eben weil er so stark mit dem verbunden ist, was in der Vergangenheit funktioniert hat.

Was mit ›recht‹ gemeint ist: nicht mehr und nicht weniger als ein Urteil, das der Verstand fällt, dass nämlich seine Auffassungen richtig und die der anderen falsch sind. Der Verstand wird alle nur denkbaren Umstände dazu benutzen, die Schlussfolgerung zu untermauern, dass er recht hat. Ist der Verstand einer bestimmten Nationalität, Hautfarbe, Religion, sexuellen Vorliebe, bestimmten wirtschaftlichen Verhältnissen, politischen Überzeugungen oder einem Beruf zugehörig, wird er dieses Material dazu verwenden, sich selbst ins rechte Licht zu setzen. Der Verstand wird alles benutzen, um recht zu haben. Nun gibt es aktives und passives Rechthaben. Passives Rechthaben bedeutet das Heranziehen existierender Umstände zum Beweis des eigenen Rechthabens. Aktives Rechthaben meint ein auf andere Menschen gerichtetes Handeln zum Beweis für die

Richtigkeit der eigenen Position. Krieg ist ein sehr krasses Beispiel für aktives Rechthabenwollen.

Für mein erstes Meditationserlebnis bedeutete das: Ich war in dem Moment ein Sturkopf. Zum Glück begann ich später damit, meine Meinung kritisch zu hinterfragen. Und soll ich Ihnen etwas sagen? Es war gar nicht meine eigene Meinung. Ich hatte sie ungeprüft von anderen übernommen. Aber so ist das ja mit den meisten Meinungen. Unser Verstand besteht aus all den Überzeugungen, Meinungen, Stellungnahmen, Urteilen und Vorurteilen, die der Aufgabe dienen, andere ins Unrecht zu setzen. Sie können das nicht einfach so ändern. Wenn Sie meditieren, wird es sich ändern. In Meditation erfahren Sie, dass Sie nicht Ihr Verstand sind, obgleich Sie für ihn verantwortlich sind. Obwohl Sie das nicht ändern können, sind Sie dafür verantwortlich, dies zu beobachten und nicht mit der Wirklichkeit zu verwechseln. Das bedeutet, es zu transzendieren.

Bitte glauben Sie nicht, Sie könnten Ihren Verstand auf irgendeine Weise verändern. Das können Sie nicht. Es ist auch nicht nötig, etwas davon zu verändern, wenn Sie wissen, dass es sich nicht um die Wirklichkeit handelt. Je mehr unsere Meinungen und Urteile mit denen anderer übereinstimmen, desto mehr halten wir sie für die Wirklichkeit. Wenn Sie nun Ihre Meinungen und Überzeugungen transformieren, werden Sie diese Übereinstimmung verlieren und damit auch die Unterstützung manch anderer. Zu Beginn wird die Versuchung dann manchmal groß sein, an den alten Überzeugungen festzuhalten. Gleichzeitig werden die Menschen in Ihrer Umgebung, die Ihren Veränderungsprozess natürlich mitbekommen, einiges dafür tun, Sie zu überzeugen, dass Sie auf dem falschen Weg sind.

Es kann sogar sein, dass Sie dadurch Freunde verlieren, oder anders gesagt, Sie verlieren Menschen, die Sie bisher für Freunde hielten. Ein wirklicher Freund wird nämlich Ihren Weg nicht unbedingt mitgehen, aber er wird ihn akzeptieren und vielleicht sogar mit Interesse verfolgen.

Aber wieder zurück zu meinem eigenen Meditationserlebnis. Zu dieser Zeit arbeitete ich an einer Klinik für Suchtkranke als Psychotherapeut und hatte mich mit zwei meiner Kollegen für eine Ausbildung in Shiatsu, der japanischen Fingerdruckmassage, angemeldet. Dieser Methode war ich im Laufe meiner Ausbildung zum Heilpraktiker begegnet und ich war fasziniert davon, hatte ich die positive Wirkung doch am eigenen Körper erfahren dürfen.

Wir wollten die Ausbildung bei einem bekannten japanischen Lehrer machen. So hatten wir uns erst gar nicht näher über die Örtlichkeit informiert, an der dieser Kurs stattfinden sollte. Frohgemut starteten wir also unser Abenteuer, denn das sollte es werden. Auf der Fahrt von Bonn bis in das kleine bayrische Dorf, in dem der Kurs auf einem zu einem Seminarzentrum umfunktionierten Bauernhof stattfand, hatten wir genügend Zeit, uns auf die erste Woche der Ausbildung zu freuen. Unsere Freude fand jedoch ein jähes Ende, als wir direkt nach der – zugegeben netten – Begrüßung unseren Autoschlüssel abgeben sollten; unsere Ausweise möglicherweise auch, aber da bin ich mir nicht mehr so sicher. Wir fragten natürlich nach dem Zweck, woraufhin man uns freundlich, aber bestimmt erklärte, man wolle damit eine spontane und unüberlegte Abreise verhindern. Vielmehr würde man uns gern Gelegenheit geben, in einem solchen Fall genau über unsere Beweggründe nachzudenken. Nun waren wir schon einmal da, wollten die Ausbildung machen und auf Ärger hatten wir auch keine Lust. Was sollte schon passieren, das uns zu solch einer Reaktion wie einer spontanen Abreise veranlassen können würde? Wir waren Psychotherapeuten, die mit alkoholkranken Männern arbeiteten, also bestimmt Schlimmeres gewohnt.

Kurz darauf wurden wir über den Zeitplan des Seminars unterrichtet. Dieser sah morgens und abends jeweils eine Meditation vor, vormittags und nachmittags sollte unser Kurs stattfinden. Starten würde alles am nächsten Morgen um sechs Uhr, noch vor dem Frühstück. Ich machte mir keine großen Gedanken darüber. Erstens waren mir Aktivitäten vor dem Frühstück von meiner Bundeswehrzeit noch vertraut und zweitens war in meinen Augen Meditation ruhiges Dasitzen und Nichtstun – für einen frühen Morgen meiner Meinung nach genau das Richtige. Wie sollte ich mich da getäuscht haben.

Am nächsten Morgen waren wir pünktlich zur Stelle, wie alle anderen auch. Nicht nur die Teilnehmer unseres Kurses, sondern alle Bewohner des Seminarzentrums hatten sich in einem großen, hellen Gewölberaum versammelt, der früher einmal ein Pferdestall gewesen war, wie ich später erfuhr. Eine junge Frau stellte sich als Leiterin der Meditation vor und erklärte den Ablauf der bevorstehenden Stunde. Es war die sogenannte *Dynamische Meditation*, die ich hier später noch beschreiben werde. Die erste Reaktion meines Verstandes: Wo bin ich denn hier gelandet? Dann wurden Augenbinden verteilt, ähnlich den Schlafbrillen, wie wir sie aus dem Flugzeug kennen. Alle anderen, uns drei ausgenommen, setzten ganz selbstverständlich die Augenbinden auf. Nach einigem Zögern und aufmunternden Blicken der Kursleiterin tat ich es ebenfalls, aber so, dass ich noch darunter hindurchschauen konnte. Das wollte nämlich mein Verstand – die Kontrolle behalten. (Erst später verstand ich den Sinn dieser Maßnahme: Es geht nicht darum zu schauen, wie andere meditieren, sondern es geht einzig und alleine darum, seinen eigenen Rhythmus und seine eigenen Bewegungen zu finden, statt sich – wie immer – mit anderen zu vergleichen.)

Ich kann nicht mehr genau sagen, was alles in dieser Stunde mit mir passierte, aber es war so ziemlich das Schlimmste, was ich bisher erlebt hatte. Ich musste gegen sehr viele Überzeugungen ankämpfen, die ich mir im Laufe meines Lebens angeeignet hatte. Mein innerer Zensor, dieser Richter in schwarzer Robe, kam so richtig in Fahrt: »Chaotisch atmen? Nicht mit mir! Was da alles passieren kann! Herumtoben? Schreien? Ich bin doch nicht verrückt! Mit erhobenen Armen springen und HUH rufen? Viel zu anstrengend! Spare deine Kräfte! Still dastehen? Aber wenn es juckt, muss man sich doch wohl kratzen dürfen! Und wenn die Muskeln schmerzen, muss man sich bewegen, um sich Linderung zu verschaffen. Tanzen? Am frühen Morgen? Das ist wohl eher was für Wilde!«

Obwohl ich diese Meditation mit höchstens einem Viertel meiner Energie mitmachte, weil ich auch nicht dastehen wollte wie ein Depp, fühlte ich mich danach entspannt wie lange nicht mehr. Das Frühstück schmeckte kurz darauf besonders gut. Es war eine völlig andere Art der Entspannung, als ich sie zum Beispiel vom Sport her kannte. Zu jener Zeit joggte ich jeden Morgen nach dem Aufstehen, aber das, was ich in dem Meditationsraum erlebt hatte, war etwas völlig anderes gewesen.

Während des gesamten Kurses begann jeder Morgen mit dieser *Dynamischen Meditation* – und schon nach ein paar Tagen wollte ich sie nicht mehr missen. Ich war eine Menge Ballast losgeworden. Nur zu Beginn schlichen sich noch dann und wann Gedankenteufelchen ein, die mir zuflüsterten: »Wenn deine Eltern dich jetzt so sehen würden!«, oder »Was glaubst du, würde deine Chefin dazu sagen? Ob sie dich auf der Stelle für verrückt erklären würde?« (Die Leiterin der Klinik, in der ich damals tätig war, war Schulmedizinerin durch und durch.) Dann musste ich innerlich schmunzeln und machte weiter.

*Wer nach außen schaut, träumt,*
*wer nach innen schaut, erwacht.*
Carl Gustav Jung

## Was bringt mir das?

Diese Frage wird mir von Teilnehmern meiner Burn-In-Seminare zu Beginn sehr oft gestellt. Meine Antwort lautet dann stets: »Nichts wird dir gebracht, du musst dir alles selbst holen.«

Buddha wurde einst gefragt, was es ihm gebracht habe, zu meditieren. Er antwortete: »Nichts! Aber ich kann dir berichten, was ich verloren habe: Zorn, Ängstlichkeit, Furcht, Depression, Unsicherheit und die Angst vor dem Tod.« Meditation führt zu Konzentration, Achtsamkeit, innerer Ruhe, innerem Frieden und Harmonie. Meditation ist geistige Hygiene und bringt Sie dazu, die Aufmerksamkeit auf den jeweiligen Augenblick Ihres Lebens zu richten und diesen auszukosten. Meditation lässt den

›Felsen in der Brandung‹ in Ihnen wachsen und gibt Ihnen so einen ruhigen Fixpunkt, um den herum Sie Ihren Alltag in Ruhe und Übersicht gut bewältigen können. In Meditation erleben Sie ein Rendezvous mit sich selbst. Ein meditativer Mensch ist friedvoll. Wenn Sie regelmäßig meditieren, leben Sie in Harmonie mit dem Ganzen, so wie die ersten neun Monate Ihres Lebens. Wenn Sie meditieren, ziehen Sie sich nicht aus dem Leben zurück, sondern werden zusätzlich in Ihrem unmittelbaren Umfeld für Harmonie sorgen.

Sie werden wach sein im Umgang mit sich selbst und anderen. Sie werden weniger leicht manipulierbar sein und Sie werden mit der Zeit Ihr Leben akzeptieren als das, was es ist. Sie werden in der Gegenwart leben, in dem einzigen Moment, in dem Leben überhaupt möglich ist. Die meisten Menschen leben in der Vergangenheit oder in der Zukunft. In der Vergangenheit zu leben heißt, Altem nachzutrauern oder zu bedauern, dass es nicht mehr so schön oder so gut ist, wie es früher war. Oder es bedeutet, Angst zu haben, dass es wieder so kommen könnte, wie es einmal war. Beides verhindert, die Gegenwart so zu erleben, wie sie ist. Wir blockieren uns nicht, wenn wir die Vergangenheit reflektieren und aus ihr lernen, sondern erlangen mehr Weisheit. Die Gegenwart hat keine Chance, anders zu sein, da wir das, was wir befürchten, anziehen wie ein Magnet die Eisenspäne.

Mit dem Blick auf die Zukunft zu leben, ist sogar noch ein wenig verrückter, denn die Zukunft gibt es nicht, und wenn sie da ist, ist sie bereits Gegenwart. Ein Mensch, der in der Zukunft lebt, tut dies aus Angst oder mangelndem Selbstvertrauen. Er lebt nicht richtig, er tut nur so. In Wirklichkeit ist derjenige, der in der Zukunft lebt, ein Flüchtling. Genau das sagt man oft über Menschen, die meditieren, nämlich dass sie Realitätsflüchtlinge seien. Aber wer meditiert, flieht nicht vor dem Leben, er flieht ins Leben, in das Hier und Jetzt seiner Existenz.

Lassen Sie mich anhand zweier Beispiele schildern, was Meditation bewirken kann:

Anna B. kam in einem sehr schlechten psychischen Zustand zu einem meiner Burn-In-Seminare nach Korfu. Sie war 44 Jahre alt, seit dem 17. Lebensjahr verheiratet und, wie sie es ausdrückte, in jeder Hinsicht von ihrem fünfzehn Jahre älteren Ehemann geformt. Ihr Mann, ein energiegeladener, intelligenter und sehr erfolgreicher Unternehmer, hatte ihr alles beigebracht, von dem er und schließlich auch sie glaubte, dass man es zum Leben brauche.

Vor einiger Zeit hatte er ihr gestanden, seit mehreren Jahren ein Verhältnis mit einer Mitarbeiterin zu haben, und erklärt, dass er demnächst ausziehen werde. Anna war aus allen Wolken gefallen. Es sei ein Schock gewesen, erzählte sie. Zunächst versuchte sie alles, um ihren Mann zu halten. Sie nahm zehn Kilo ab, ging jede Woche zur Kosmetik, sie wurde Mitglied in einem Fitnessstudio – nichts half. Es war, als hätte man ihr den Boden unter den Füßen weggezogen. Sie begann, mehr Alkohol zu trinken, und dachte sogar daran, ihrem Leben ein Ende zu setzen.

Von einer guten Freundin hatte Anna von den Seminaren auf Korfu erfahren. Dort kam sie, wie sie selbst sagte, ›mit letzter Kraft‹ an. Bereits in der Kundalini-Meditation des zweiten Abends lösten sich die ersten aufgestauten Energien von Wut und Trauer in ihr; sie konnte seit Monaten wieder einmal weinen, als wäre ein innerer Staudamm gebrochen. Anschließend sah sie bereits wesentlich entspannter aus und beim Abendessen hörte man sie dann herzlich lachen. In der folgenden Nacht, so berichtete sie am nächsten Morgen, habe sie so gut wie lange nicht mehr geschlafen – ohne Alkohol, wie sie augenzwinkernd anmerkte. Am Ende dieses sieben Tage dauernden Seminars hatte sie ein großes Stück von sich wiedergefunden. Sie wusste nun, dass sie dazu in der Lage war, auch ohne ihren Mann zu leben. Meditationen und andere Übungen des Seminars hatten sie wieder Mut fassen lassen und ihr Selbstvertrauen gestärkt. Nicht alle Briefe, die mir Teilnehmer schreiben, kann ich aufheben, diesen jedoch bewahrte ich auf. Ich zitiere eine kurze Passage aus Annas Schreiben, das mich ein halbes Jahr nach diesem Seminar erreichte:

> »... bald nach meiner Ankunft habe ich mich einer Meditationsgruppe angeschlossen. Dort gehe ich immer noch wöchentlich drei Mal morgens vor der Arbeit zur Dynamischen und abends zur Kundalini. Ich habe so einiges erkannt. So sind mir viele Erziehungsmuster aus meiner Kindheit bewusst geworden, schädigende, aber auch gute. Ich will dich damit nicht langweilen, weil du das sicher schon oft gehört hast, aber eines noch. Wenn ich heute in den Spiegel schaue, mag ich, was ich da sehe, und ich habe seit Korfu wieder begonnen zu malen. Meine allerallerwertvollste Erkenntnis ist die, dass ich nichts und niemanden brauche, um glücklich zu sein. Mit meinem Exmann habe ich inzwischen ein entspanntes Verhältnis, wir konnten wirklich über vieles sprechen, was mir vorher unmöglich gewesen wäre. Ich hätte mich für einen Heulkrampf oder Wutausbruch

entschieden. Ich muss gerade über mich schmunzeln, während ich das schreibe. Auch meine Arbeit macht mir wieder Freude und ich habe sogar eine höhere Position angeboten bekommen. Ob ich die annehme, weiß ich aber noch nicht. Früher hätte ich keine Sekunde überlegt, heute weiß ich, dass es auch noch etwas anderes im Leben gibt. Ich genieße mein Leben, vielleicht zum ersten Mal richtig, und du wirst jetzt bestimmt grinsen: ganz entspannt im Hier und Jetzt. Und wenn ich das mal nicht bin, freue ich mich schon auf den Herbst, wenn ich wieder mit euch allen im Olivenhain die Stille genießen darf.«

Aus einem anderen Brief möchte ich an dieser Stelle ebenfalls zitieren. Hier schreibt Peter H. einige Monate nach einem Korfu-Seminar:

»... und ich möchte nochmals Danke sagen, dass du mich in meinem Rhythmus meine Erfahrungen hast machen lassen. Wie du ja weißt, war es zu Beginn ziemlich schwierig, mich auf alles einzulassen. Danach ging aber alles recht schnell. Du hattest uns zwar am Ende des Seminars den Tipp gegeben, in der ersten Zeit keine großen Entscheidungen zu treffen, sondern erst einmal alles wirken zu lassen, aber als ich wieder zu Hause in meinem Job war, sind mir doch viele Dinge klar geworden. Um es kurz zu machen, ich habe nach meiner Rückkehr aus Korfu gekündigt. Danach habe ich mir zwei Monate geleistet, intensiv zu meditieren, mit den Meditationen, die wir in Korfu auch gemacht haben. (Mein Arzt wollte übrigens vom Glauben abfallen, als er meine tollen Blutwerte gesehen hat, die ich ja alle paar Wochen checken lassen muss). Heute habe ich eine wunderbare Arbeitsstelle, im Grunde das, was ich mir im Stillen immer gewünscht, aber mir nie so richtig zugetraut hatte. Ich muss zwar noch viel lernen, aber wie hast du gesagt? Es ist nie zu spät. Wann immer es mir möglich ist – und ich mache es mir möglich, wer denn sonst –, gehe ich in meine Meditationsgruppe, weil das wirklicher Urlaub für die Seele ist, dafür braucht man nicht zu verreisen … man kann aber. Wir sehen uns sicher wieder …

Grundsätzlich kann folgendes Bild beim Meditieren hilfreich sein: Seien Sie eine Leinwand. Wenn Sie sich einen Film im Kino ansehen, so wird dieser auf eine Leinwand projiziert. Egal ob Sie einen Liebesfilm, einen Actionfilm oder einen wunderschönen Naturfilm betrachten, wenn der Film zu Ende ist, bleibt die Leinwand zurück, wie sie war. Weiß. Sie werden weder Einschusslöcher sehen, obwohl viel geschossen wurde, noch werden Sie den Duft der blühenden Bäume riechen können oder das Lachen des glücklichen Liebespaares wiederfinden. Die Leinwand ist so makellos wie zuvor.

In gleicher Weise sind Sie nicht die Projektionen, die in Ihrem Verstand existieren, Sie sind der Beobachter. Darum geht es beim Meditieren. Beobachter zu sein, der weder bewertet noch urteilt. So bleibt man unverändert und wird unter Veränderungen nicht leiden, sondern sie genießen können.

## Meditation, die Vorteile aus medizinischer Sicht

Selten hat sich Professor Fred Epstein so über seinen Sohn gewundert wie in dem Urlaub, von dem er gerade nach New York zurückgekehrt war: Der Elfjährige hatte sich dort schlichtweg geweigert, mit an den Strand zu gehen. Er sei kurz davor, eins zu werden mit seinem Kopfkissen. Zuvor dürfe er auf gar keinen Fall abgelenkt werden. »Ich weiß genau, wie das kam«, sagte Epstein, »der Dalai Lama ist schuld.« Seine Heiligkeit hatte Epstein, einen weltberühmten Kinder- und Jugend-Neurochirurgen, im Beth Israel Medical Center besucht. Prominente Hirnforscher und Ärzte trafen sich dort mit dem Friedensnobelpreisträger, um über die ›medizinischen Wirkungen fortgeschrittener Meditation‹ zu diskutieren.

In New York, einer Zitadelle der akademisch naturwissenschaftlichen Medizin, bedeutete das den Durchbruch eines machtvollen Trends: Etablierte Schulmediziner griffen ein Repertoire therapeutischer Methoden auf, die bisher von Alternativmedizinern propagiert und angeboten wurden. Sie sollten dem Klammergriff von Esoterikern, Wunderheilern und Sektierern entwunden werden. Geistige Trainingsmethoden sollten auf ein wissenschaftlich ausgerichtetes medizinisches Fundament gestellt und in den Klinikalltag eingefügt werden: Konzentrations- und Achtsamkeitstraining, aber auch andere Praktiken wie etwa das Erlernen spezieller Atemtechniken.

Damit wollte die New Yorker Medizin-Elite ein ehrgeiziges Projekt realisieren: Es sollte gründlich erprobt werden, auf welche Weise kranke Menschen von Meditation profitieren, wie also das regelmäßige Üben die Linderung oder

Heilung ihrer Leiden fördern könne. Ihren Mentor fanden die Wissenschaftler im Dalai Lama. Ermutigung zogen sie aus erfolgreichen Vorstudien.

Jon Kabat-Zinn, Leiter des *Stress Reduction and Relaxation Program* am Medical, lehrt Kranke schon seit Langem Meditation. Er berichtet: »Während eines achtwöchigen Kurses stelle ich einen Rückgang der Beschwerden von fünfundzwanzig Prozent fest. Psychische Symptome wie Angst, Zorn und Depression gehen um zweiunddreißig Prozent zurück. Diese Patienten hatten vor dem Kurs durchschnittlich acht Jahre lang ein Schmerzproblem und bislang erfolglos versucht, es unter Kontrolle zu bringen.«

New Yorker Kliniken investierten daraufhin zweistellige Millionenbeträge, um Meditationsprogramme in großem Stil aufzuziehen. Unter dem Namen *Komplementärmedizin* wurden sie eingeführt. Das riesige *Presbyterian Hospital* auf der Upper West Side von Manhattan baute sein eigens dafür eingerichtetes *Complementary Care Center* massiv aus. Dazu Jery Whitworth, der das Center mit dem angesehenen Chirurgen Mehmet Oz gründete:

»Zunächst waren wir fast eine Untergrundbewegung und dachten: Ein falscher Schritt, und alles wäre aus – aber langsam, langsam haben wir Anerkennung gewonnen, auch bei der obersten Leitung des Krankenhauses. Wohlhabende Spender unterstützten das Vorhaben. Sie hofften auf günstige Studienergebnisse, die möglicherweise auch Skeptiker überzeugen würden.«

»Zweifler sollten sich einmal ansehen«, sagt Robert Thurman, »wie sehr die Fähigkeit der meditationserfahrenen Tibeter, mit Leiden, Sterben und Tod umzugehen, der des westlichen Menschen überlegen ist.« Thurman ist

Präsident des *Tibet House* in New York, Professor an der *Columbia-Universität* und ein enger Freund des Dalai Lama. Selbstverständlich, so Thurman, sei die Meditation nicht nur hilfreich, um körperliche Leiden zu lindern oder die Angst vor dem Tod zu überwinden: »Sie ist wichtig für den Alltag. Als regelmäßige Übung erhält sie die Gesundheit. Und sie befreit mich von dem Eindruck, ständig Sklave meiner Impulse zu sein. Gewöhnlich hat man doch ein unentwegtes Plappern in sich: ›Ich sollte jetzt vielleicht dahin gehen oder dorthin, ich muss noch dies tun, ich hätte Lust auf das oder jenes.‹ Es bleibt kaum Gelegenheit, dieses ewige Blabla zu überwinden. Gerade das lernt man aber in den ersten Stufen der Meditation. Ein Gleichmaß finden. Abstand gewinnen von diesem Strom der Gedanken. Man ist ihm dann nicht mehr unmittelbar ausgeliefert. Man stellt sich außerhalb dieses Stroms und kann ihn ruhig beobachten, sich von ihm lösen.«

Wie stark fortgeschrittene Meditierende ihre Seele vor Verletzungen bewahren können, schilderte der Dalai Lama anhand zahlreicher Erfahrungen von Buddhismus-Studenten, die lange Haft und Folter unter der chinesischen Besatzung Tibets erdulden mussten, bevor sie nach Indien entkommen konnten: »Man findet unter ihnen sehr selten einen, der die für posttraumatische Störungen typischen Symptome aufweist. Sie erreichen sogar bessere Leistungen als die in Indien aufgewachsenen Studenten.«

»Eigentlich müsste uns das alles nicht verwundern. Es liegt nichts Magisches darin«, stellt der Bremer Hirnforscher Gerhard Roth fest. »Das Bewusstsein, der Wille, der Geist sind spezielle Zustände des Gehirns, besondere Zustände des Körpers. Dass es uns schwierig erscheint, das so zu betrachten, dass wir meinen, Grenzen ziehen zu müssen zwischen etwas, was wir Körper nennen, und etwas, was wir Geist nennen oder Seele, ist eine Denkgewohnheit. Es ist eine westliche philosophische Tradition, eine altgriechische Konstruktion.«

Als sicher gilt bereits, dass fortgeschrittene Meditierende ihre Willenskraft nutzen können, um körperliche Funktionen zu beeinflussen, von denen man traditionell annahm, sie seien der bewussten Kontrolle entzogen. Es gelingt ihnen, die Körpertemperatur um mehrere Grad Celsius zu verändern, sie können ihren Blutdruck senken, ihre Hirnstrommuster in sehr auffälliger Weise manipulieren und sogar anregende Impulse an die Zellen ihres Immunsystems senden.

Studien zeigen, dass mit Meditations-, Konzentrations- und Entspannungstechniken physiologische Prozesse positiv beeinflusst werden können, um dem Probanden seine Krankheitssymptome beherrschen zu helfen.

David Fontana, englischer Psychologe mit über 25 Jahren Meditationserfahrung, meint: »Trotz aller Bemühungen, die die westliche Psychologie der Linderung des seelischen Elends entgegenbringt, stecken wir noch in den Kinderschuhen, wenn es darum geht, Menschen zu helfen, mit sich in Frieden zu leben. Psychisches Leiden ist ebenso wirklich wie körperliches Leiden. Und die, die sich darin verstrickt haben, suchen verzweifelt nach irgendetwas, das ihnen helfen kann, aus ihrem inneren Gefängnis zu finden. Wenn Meditation ihnen dieses Etwas geben kann, ist dies ein guter Grund, wieso westliche Psychologen in die Geheimnisse der Meditation vordringen und sie ergründen sollten.«

Und noch einmal Professor Roth, Hirnforscher aus Bremen: »Über die Frage, wie man durch willentliche Beeinflussung in das unbewusste System des Gehirns eingreifen kann, wird heute sehr intensiv geforscht. Es ist ein extrem aktuelles Gebiet, über das man noch immer wenig weiß, aber sehr viel mehr wissen müsste. Man muss versuchen zu erklären, wie durch etwas, was man Willensanstrengung nennt, Heilungen zustande gekommen sind, die kaum jemand für möglich gehalten hat – insbesondere bei Krebspatienten. Man muss vor allem auch erklären, wieso Menschen, die einen unglaublichen Lebenswillen hatten, dann doch gestorben sind, wo das also nicht funktioniert hat.«

Einige Forscher haben sich bereits sehr weit vorgewagt, so etwa die Washingtoner Professorin Candace Pert. Sie war es, die in den siebziger Jahren den *Opiat-Rezeptor* im Gehirn entdeckte: jene chemische Struktur, an die sich Stoffe wie Morphium und Heroin binden, oder auch körpereigene Schmerzkiller, die Endorphine. Emotionen und grundlegende Körperfunktionen werden dadurch, dass ein Botenstoff an einen solchen Rezeptor andockt, massiv beeinflusst. Für Prof. Candace Pert sind die natürlichen Botenstoffe des Gehirns die reale Substanz der Emotionen – die Gefühle als wogendes Meer kleiner Eiweißketten.

Da Rezeptoren für diese Informationsmoleküle auch vielerorts außerhalb des Gehirns entdeckt wurden, besonders an Zellen des Immunsystems im Knochenmark und im Blut, nimmt Prof. Pert an, dass darin die Schnittstelle liege, deren Gleichgewicht sich durch Meditation und Besinnung positiv beeinflussen lasse. Viel weitgehender als bisher angenommen würden nämlich Nerven- und Immunsystem miteinander in unablässigem Dialog stehen. Prof. Pert, die selbst seit Langem meditiert, glaubt deshalb mit aller Entschiedenheit an die heilende Kraft der positiven Emotion.

Ihor Sawczuk, ein Urologe am Presbyterian Hospital, sagt: »Ich weiß am besten, dass meine Patienten die Unterstützung durch die Komplementärmediziner dringend brauchen. Also stelle ich ihnen das Angebot vor.«

Eines jedenfalls darf als sicher gelten: Meditation, ob als Medizin, als Lebenshilfe oder nur als Mode, wird auch in Deutschland bald einen noch kräftigeren Popularitätsschub erleben. Wieso auch nicht? Immer mehr Menschen wollen sich auf sich selbst besinnen und wünschen eine Entschleunigung ihres Lebens.

Zahlreiche spektakuläre Beispiele wurden untersucht, wie etwa die Yogis, die nackt im Schnee meditierten. Ohne äußere Anstrengung, nur mit der Kraft des Geistes, gelang es ihnen, ihre Körpertemperatur mittels Meditation aufrechtzuerhalten. Als Sensationen machen solche Meldungen die Runde.

Meditation verändert die Frequenz der Gehirnwellen. Sie wirkt somit nicht nur direkt auf Gehirnfunktionen ein, sondern auch auf den Stoffwechsel. Immer mehr Studien bestätigen die positive Wirkung der Meditation auf Krankheiten, deren Ursache in einem Ungleichgewicht des Stoffwechsels zu finden ist. Dazu zählen Depressionen, Ängste und alle Arten von Suchtverhalten. Aber auch psychosomatische Symptome wie Kopfschmerzen, Verdauungsschwierigkeiten und Erkältungen nehmen bei regelmäßiger Meditation ab. Konsequenterweise werden dadurch auch weniger Medikamente eingenommen.

# Burn-In-Übungen

*Jeder neue Tag ist eine neue Gelegenheit,*
*im Leben etwas zu verändern.*
Quelle unbekannt

## ZEN

Im Hier und Jetzt nichts zu bewerten, kann man vielleicht als Kernaufforderung des ZEN verstehen. Unsere großen Seuchen – Depression und Angst – haben damit zu tun, dass die Betroffenen nicht in der Gegenwart leben. Der Depressive ärgert sich über die Dinge, die waren, der Angstvolle macht sich Gedanken über das, was noch kommt und wahrscheinlich nie eintreffen wird. Der einzige Moment aber, in dem man glücklich sein kann, ist jetzt. Zu viel zu denken, macht unglücklich.

Besonders gefällt mir am ZEN, dass Komik und Erleuchtung hier nahe beieinander liegen dürfen. Schopenhauer sagte einmal, jedes Lachen sei eine kleine Erleuchtung. Lachen ohne Grund ist zudem sehr befreiend, eine Einsicht, die im Lachyoga genutzt wird. Dass Lachen sogar den Heilungsprozess beeinflusst, beweisen täglich die Clowns, die in Kinderkliniken auftreten.

Ich erlebe in meinen Coachings immer wieder, wie stark Humor und Lachen wirken. Sobald mein Klient über sich und das, was er tut, lachen kann, gewinnt er augenblicklich Distanz zu seinen Problemen und kann sie somit von außen betrachten. Danach ist das Finden einer Lösung sehr viel leichter. Aber natürlich geht es im ZEN um viel mehr als um Lachen.

Nicht denken und in voller Präsenz sitzen, gehen, stehen und atmen, vollkommen im Hier und Jetzt – so kann man die ZEN-Meditation kurz beschreiben. In diesem Hier und Jetzt erlebt man das Leben pur. Wenn der Geist still wird, wird die Welt wahr. Wie wertvoll diese Einsicht ist, erfahren wir immer wieder während der Burn-In-Seminare auf Korfu, wenn wir gemeinsam meditieren oder uns einfach unter einen Olivenbaum setzen, still werden und das wahrnehmen, was ist. (ZAZEN bedeutet Meditation im Sitzen.)

ZEN ist keine Lehre oder Philosophie. Es geht um eine geistige Erfahrung. Zu diesem Zweck stellt man die vom Verstand geleitete geistige Tätigkeit für eine Weile ab und hält sich innerlich ganz still. Vielleicht können Sie sich vorstellen, wie schwierig das sein kann, weil es unseren ›normalen‹ Lebensgewohnheiten so sehr entgegensteht. Da gibt es immer etwas zu tun, stets ist irgendetwas wichtiger als der Moment. Wie oft halten Sie am Tag einfach einmal inne und spüren nur, was in diesem Moment geschieht? Legen Sie doch mehrmals am Tag einen ›Stopp‹ ein, schließen Sie die Augen und spüren dem jeweiligen Moment nach. Würden Burn-out gefährdete Menschen sich diesen ›Stopp‹ ab und zu erlauben, könnte das vieles verhindern, so viel ist sicher.

Im ZEN geht es also ums Nichtstun. Weil man selbst nichts tut, geschieht etwas oder kann etwas geschehen. Auf einmal spürt man sich selbst, weil man nicht mehr geschäftig herumläuft. Nach einer Zeit der Übung des stillen Daseins lösen sich negative Gedankenmuster einfach auf. Eben war der Himmel noch voller Wolken, dann auf einmal ist er klar und blau. Dabei hilft das Bild, dass man selbst ein Berg ist und die Wolken – sprich die eigenen Gedanken und

Gefühle – einfach beobachtet, wie sie vorüberziehen. Das muss keine große Sache sein, für die ein Klosteraufenthalt nötig ist. Nehmen Sie sich einfach morgens nach dem Aufstehen zehn Minuten Zeit. Setzen Sie sich auf eine Matte oder einen Hocker und seien Sie sich einfach nur dieses Momentes gewahr. Ohne darüber nachzudenken, was am Tag geschehen könnte, müsste oder sollte. Sollten solche Gedanken kommen, lassen Sie diese ziehen wie die beschriebenen Wolken am Himmel. Ist es nicht erstaunlich, dass wir uns jeden Morgen Zeit für die körperliche Erfrischung mit Duschen und Zähneputzen nehmen, aber für die ebenso wichtige Erfrischung des Geistes nichts übrig bleibt?

Es gibt vom genialen Loriot einen netten kleinen Comic, in dem die Ehefrau ganz geschäftig in der Küche herumhantiert und ihren Ehemann, der wie ein Zenmeister im Nebenzimmer in seinem Sessel sitzt, ständig fragt, was er denn tue. Der gibt immer wieder nur eine Antwort, nämlich: »Nichts«.

Das scheint gar nicht so einfach zu sein, glaubt man den Forschungen der Psychologen um Timothy Wilson von der University of Virginia. Bei dem Experiment ging es lediglich darum, still dazusitzen und seinen Gedanken nachzuhängen. Die Probanden sollten für sechs bis 15 Minuten in einem nüchternen Raum sitzen und sich im Geiste mit einem Thema ihrer Wahl beschäftigen, aufstehen oder einschlafen durften sie nicht. Man sollte doch meinen, dass es sich hierbei um eine erholsame Auszeit gehandelt haben könnte. Doch weit gefehlt. Die Mehrzahl der Teilnehmer empfand die innere Einkehr als belastend. Sie klagten, dass sie sich nicht hatten konzentrieren können und dass die paar

Minuten auf dem Stuhl eine eher belastende Erfahrung dargestellt hatten. Das Alter der Probanden spielte im Übrigen keine Rolle. Wurde der Versuch dann später bei ihnen zu Hause wiederholt, empfanden sie es sogar als noch belastender. Wilson schreibt das den dort existierenden Möglichkeiten der Ablenkung zu. In einer Studie aus dem Jahre 2012 gaben 83 Prozent der Befragten an, dass sie in den vergangenen 24 Stunden gar keine Zeit damit verbracht hatten, betätigungslos nachzudenken.

In einem nächsten Versuch gaben die Forscher um Wilson den Probanden die Möglichkeit, sich selbst per Knopfdruck einen milden, jedoch unangenehmen Elektroschock zu verpassen – wenn sie denn wollten. Zuvor hatten bei einer Befragung alle Teilnehmer versichert, dass dies in keinem Fall für sie infrage käme. Anschließend verpassten sich zwei Drittel der Männer und ein Viertel der Frauen doch Schocks. Ein Proband drückte sogar 190 Mal auf den Knopf! »Der untrainierte Geist beschäftigt sich nicht gerne mit sich selbst«, lautete das Fazit der Forscher.

Es gilt im ZEN also zunächst, unseren Geist zur Ruhe kommen zu lassen. Hierzu wird auch mit sogenannten Koans gearbeitet; Rätseln, die man nur dann zu lösen vermag, wenn man in tiefer Meditation ist.

- Wie klingt das Klatschen einer Hand?
- Wie kommt die Gans aus der Flasche?
- Wenn ein Baum umfällt und keiner in der Nähe ist, gibt es dann ein Geräusch?

Darüber kann man gewiss lange meditieren.

**Burn-In-Übung:**
Auf der körperlichen Ebene erreichen Sie am meisten mit der Übung der Achtsamkeit auf das, was ist: Im Sitzen können Sie spüren, wie Ihr Becken auf dem Kissen oder Bänkchen ruht. Alles Gewicht geben Sie ab und fühlen sich in Ihrem Becken wie in einer Schale sitzend. Die Atmung vertiefen Sie, indem Sie das Ausatmen betonen und das Einatmen wie ein Aufatmen von selbst kommen lassen. Die Schultern lassen Sie nach unten fallen und achten darauf, dass Ihre Schulterblätter der Schwerkraft nachgeben. Der Unterkiefer ist locker, das Gesicht ausdruckslos.

Wenn Sie nach einerWeile in die Entspannung gekommen sind, wachsen Sie von unten her in eine neue Spannkraft hinein. Dabei spannen Sie das *Hara* (den Unterbauch) etwas an und achten darauf, dass die Magengrube entspannt ist. Der Brustkorb wird aufrecht, als würde er an einem Fädchen etwas hochgezogen. Die Schultern bleiben dabei in ihrer entspannten Haltung. Der Nacken streckt sich länger, so als ob auch der Hinterkopf etwas in die Höhe gezogen würde. Sie leisten sich Abstand von den Dingen und nehmen das Kinn etwas zurück. Dann kehren Sie mit Ihrer Aufmerksamkeit wieder zum Hara zurück und sammeln sich ganz dort. Von hier aus spüren Sie Ihr Aus- und Einatmen, ohne es zu beeinflussen. Sie schauen Ihrem Atem einfach zu.

Um ein Abdriften des Geistes zu vermeiden, können Sie Ihre Atemzüge zählen (von eins bis zehn und dann wieder von Neuem) oder bei jedem Ausatmen nur an das Loslassen denken. Sagen Sie sich beim Einatmen »lass« und beim Ausatmen »los«. Zwischendurch werden Sie Ihre Aufmerksamkeit Ihrer Haltung zuwenden und sich immer wieder von

Neuem nach unten loslassen. Der Blick ist etwa einen Meter vor Ihnen auf den Boden oder eine weiße Wand gerichtet, ohne etwas zu fixieren.

Im Stehen achten Sie auf Ihren Stand, geben Ihr ganzes Gewicht an Ihre Füße ab und stehen locker in den Knien. Die Haltung ist aufrecht wie beim Sitzen, die Kraft im Hara und der Atem ruhig. Beim meditativen Gehen *Kin-hin* sind Sie mit Ihrer ganzen Aufmerksamkeit beim Gehen und Atmen. Sie achten auf Entspannung, Spannkraft und Haltung. Ihre Beine bewegen Sie mehr aus der Mitte Ihres Beckens heraus als mit der äußeren Muskulatur.

Wenn Ihr Geist den ganzen Tag mit einer bewussten Tätigkeit beschäftigt war, kommen in dieser Zeit eher wenige Bilder und Gedanken aus Ihrem Unterbewusstsein an die Oberfläche. Es kann sein, dass diese Bilder und Gedanken nun in Ihr Bewusstsein drängen. Sie dürfen kommen, aber Sie lernen immer besser, sie weiterziehen lassen, ohne ihnen Beachtung zu schenken. Auf diese Weise wird Ihre Aufmerksamkeit immer feiner und Ihre Achtsamkeit erhöht sich. So wird es mit der Zeit geschehen, dass nicht nur Ihr Mund, sondern auch Ihr Geist schweigt und aufnahmefähig wird für eine größere Fülle an Seinserfahrung.

*Es gibt zwei großartige Tage im Leben eines Menschen:*
*Den Tag, an dem er geboren wurde,*
*und den Tag, an dem er entdeckt, wofür.*
William Barclay

## Die Kraft der Mantras

Ein Mantra ist ein Wort oder ein Begriff, den man sich innerlich vorsagt oder vorstellt. Dadurch soll das Bewusstsein abgelenkt bzw. fokussiert werden und der Meditierende wird veranlasst, nach innen zu spüren. Ein Mantra kann ein magisches Wort sein, eine kurze Wortfolge oder auch ein Gebet (z. B. Rosenkranz). Kennzeichnend für Mantras ist die monotone, ständige Wiederholung dieser Wortformeln.

Ist die Wortformel länger als ein, zwei Worte, dann wird diese in durch die Atmung bedingte, zeitlich möglichst gleich lange Sequenzen zerlegt. Wenn ein Mantra optimal angelegt ist, sollten diese Sprechsequenzen etwas langsamer als Ihre eigene spezifische entspannte natürliche Atmung sein. Von dieser Warte aus betrachtet ist ein Mantra eine Atemübung mit Inhalt. Die verlangsamte Atmung ermöglicht eine Beruhigung und führt in der Folge zur Verlangsamung anderer körpereigener Rhythmen, unter anderem zu langsameren EEG-Wellen.

Mantra ist ein Wort aus dem Sanskrit, eine Kombination aus zwei Teilen: *man* und *tra*. *Man* heißt ›Bewusstsein‹ und *tra* ›Schutz‹ und ›Reinigung‹. Mantra bedeutet also einen Schutz des Menschen durch die Reinigung des Geistes. *Man* in dem Wort Mantra bezieht sich auch auf Manana: die andauernde Reflexion über die latente Wahrheit des Universums. *Tra* in dem Wort Mantra bezieht sich auf Trana: den Rettungsakt oder die Unterstützung eines Menschen, der den Ozean der Sorgen überquert. Die beiden Grundsteine der Weisheit, die sich hinter einem Mantra verbergen, sind also die kontinuierliche Reflexion der ewigen Wahrheit und Reinigung.

Der innere Laut *Mantra* hilft, die verschiedenen Formen und Strukturen der Psyche aufzulösen, indem sie entweder mithilfe von *Prana*, der Lebenskraft, niedergebrannt oder durch freie Assoziation an die Oberfläche des Bewusstseins gebracht werden. Die wirkliche Kraft des Mantras liegt nicht in den Worten, sondern in der Vibration der Laute, die es erzeugt. Das Mantra ist eine abgeleitete Form von arrangierten Lauten, die in sich selbst eine lebendige Energie darstellen. Sie hilft, das individuelle Bewusstsein auf die Ebene des kosmischen Bewusstseins zu heben.

Mantras dienen dazu, alte Formen aufzulösen und neue zu schaffen, die Frieden und Glück mit sich bringen. Von daher ist das Mantra einer der wichtigsten Aspekte einer guten Meditationstechnik. Ein Mantra kann auch in Gedanken ausgesprochen werden. Studiert man jedoch die Anleitungen in Yogaschriften, so wird man in sehr vielen Schriften lesen können, dass Mantras zuerst und für einen langen Zeitraum laut gesprochen oder gesungen werden sollten. Dann weniger laut und viel später nur in Gedanken. Dies hat einen tieferen Hintergrund: Der durch das laute Aussprechen erzwungene Atemrhythmus soll derart tief eingeprägt werden, dass er auch später bei nur mentaler Ausübung nicht verloren gehen kann.

Das Festhalten an einer Wortformel hindert den Meditierenden daran, Tagträumereien oder sonstigen Gedanken nachzuhängen. Andererseits erfordert die monotone Wiederholung eines gleichen Sprachinhaltes weder größere Aufmerksamkeit noch Konzentration. Solcherart nähert sich der Meditierende einem Stadium der Innenreflexion, wie er beispielsweise in der Hypnose oder Autohypnose gegeben ist. Der Vergleich mit einem Einschlafstadium ist insofern nicht gerechtfertigt, da in diesem die Aufmerksamkeit abdriftet und die Wachheit völlig abfällt, welche bei Ausübung von Mantras auf einem erwünschten Mindestmaß erhalten bleiben muss. Wenn beim Rezitieren von Mantras die Aufmerksamkeit nachlässt, so wird die Stimme leiser und die Sprechabfolge (bzw. Abfolge der formulierten Gedanken) langsamer, was zu tieferen Atemzügen führt, wodurch man wiederum sich und seine bewusste Wachheit kontrollieren kann.

Im Gehirn spielt – zusammen mit dem limbischen System – der Temporallappen eine Rolle bei veränderten Bewusstseinszuständen. Bekannt ist zum Beispiel, dass durch Reizung der Temporallappen sogenannte Déjà-vu-Erlebnisse (der Eindruck, eine Situation bereits früher erlebt zu haben) herbeigeführt werden können. Wahrscheinlich haben auch Erlebnisse der Zeitlosigkeit hier eine Wurzel. Man kann vermuten, dass gleichmäßige Impressionen des Gehörs zusammen mit der veränderten Gehirnaktivität (wie sie durch die Tiefenentspannung während längerer Rezitation gegeben ist) das Auftreten veränderter Bewusstseinszustände zusätzlich fördern. Dies findet man ebenfalls beim Trommeln und Rasseln im Schamanismus bei der rhythmischen Wiederholung von Ton, Silbe, Wort und Wortreihen: Der Klang, der Rhythmus, die Schwingung beeinflussen Körper und Geist.

**Burn-In-Übung:**
Rezitieren Sie mithilfe einer Perlenkette (Rosenkranz oder Ähnliches) je ein Mantra oder Gebet pro Perle. Lassen Sie auftauchende Gedanken vorbeiziehen, fahren Sie unbeirrt mit der Rezitation fort. Spüren Sie den Klang und die

Schwingung des Mantras:

- Christentum – Vater unser ...
- Buddhismus – Om Mani Padme Hum
- Islam – La illa ha ill'Allah
- Hinduismus – Om Namah Shivaya

## Yoga-Übung: Nabho Mudra

**Burn-In-Übung:** Die folgende Technik des Kundalini-Yoga hebt das individuelle Bewusstsein von den unteren Seinsebenen zu den höheren empor, schenkt Ihnen geistige Kraft und verbessert Ihre Gesundheit.

Legen Sie Ihre Zunge soweit wie möglich nach oben um. Versuchen Sie zu spüren, dass sie den Mittelpunkt zwischen den beiden Augenbrauen berührt. Gehen Sie langsam vor und üben Sie dies über einen längeren Zeitraum, ohne die Zunge zu sehr zu strapazieren. Während Sie in entspannter Haltung und mit nach oben gegen den Gaumen gedrückter Zungenspitze auf Ihrem Meditationskissen oder einem kleinen Bänkchen ruhen, stellen Sie sich vor, dass Sie auf der Weltkugel sitzen.

Konzentrieren Sie sich auf die Mitte zwischen den Augenbrauen an der Nasenwurzel. Sie können, wenn Sie Ihre Aufmerksamkeit dorthin lenken, einen Lichtpunkt oder eine kleine Flamme spüren. Sie können sich auch auf das Bild der Ihnen angenehmen Gottesform konzentrieren, um Ihre Aufmerksamkeit zu bündeln. Jeder Gegenstand, der die Wahrheit repräsentiert, eignet sich für diesen Zweck. Aber da das Licht das Wesen unserer letztgültigen Wirklichkeit ist, empfiehlt es sich, sich einen Lichtpunkt oder eine Lichtflamme an diesem Punkt vorzustellen und die Aufmerksamkeit darauf zu richten. Die Mitte zwischen den Augenbrauen ist das sechste Chakra des Bewusstseins.

Aus psychischer wie spiritueller Sicht ist dieser Punkt aus zwei Gründen ausschlaggebend. Erstens ist er mit dem Zentrum der Psyche, dem Ego, verbunden, um dessen Auflösung es geht. Die Konzentration auf diesen Punkt beschleunigt den Prozess. Die unteren fünf Zentren des Bewusstseins – also Erde, Wasser, Feuer, Luft und Äther – sind für unsere Bindungen verantwortlich. Auf ihnen ist die sichtbare Welt aufgebaut. Sie liegen auch dem gesamten sinnlichen Bewusstsein zugrunde, das das individuelle Bewusstsein (Dschiwa) versklavt. Durch die Konzentration auf das sechste Chakra kann Dschiwa versuchen, sich über die Welt oder das sinnliche Bewusstsein zu erheben, also über alle Bindungen, um sich spirituell zu befreien.

Wenn ein Mensch das gesamte sinnliche Bewusstsein aufgrund irgendwelcher Umstände nicht durch eigene Anstrengungen auflösen kann, wird ihm vielleicht die Gnade gewährt, sein drittes Auge zu öffnen und die Kundalini, also die schlafende Lebenskraft des Menschen, zu aktivieren. Die Fortsetzung der Reise verläuft automatisch. Dieser Punkt ist ein Ort immerwährenden Friedens und perfekter Stabilität. Wenn das Bewusstsein sich für immer dort angesiedelt hat, bleibt kein Raum mehr für negative Gefühle und Schmerz.

*Die Stille stellt keine Fragen,*
*aber sie kann uns auf alles eine Antwort geben.*
Ernst Ferstl

**Burn-In-Übung:**
Meditieren Sie auf den nächsten Seiten über die Leere.

## Die Dynamische Meditation

**Burn-In-Übung:** Die Dynamische Meditation ist eine körperlich anstrengende Meditation, die aber auch mit einer relativ schnellen positiven Wirkung aufwarten kann. Grund hierfür ist ihre reinigende Wirkung. Sie dauert eine Stunde und wird frühmorgens nüchtern durchgeführt. Für mich ist sie die große Burn-In-Meditation.

Entwickelt wurde sie von dem indischen Meister Osho, der in seiner frühen Schaffenszeit, bevor er den Ashram in Poona gründete, Tausende seiner Landsleute in großen Stadien zu dieser Meditation anleitete.

Der Meditierende wird von einer sehr kraftvollen Musik begleitet, die ihn auch auf den Wechsel der einzelnen Phasen aufmerksam macht. Die ersten drei Phasen dauern jeweils zehn Minuten, die letzten beiden jeweils 15 Minuten.

**Phase 1:** Während der ersten Phase stehen Sie entspannt und atmen ›chaotisch‹ durch die Nase ein und aus – in kurzen und schnellen Atemzügen. Sie sollen so lange und so heftig atmen, wie es Ihnen möglich ist. Das soll allerdings nicht heißen, dass Sie über Ihre Grenzen hinausgehen sollen. Wenn Sie selbst das Atmen sind, macht es Spaß. Die dabei entstehenden natürlichen Körperbewegungen dienen dazu, die Energie aufzubauen. Laut Osho ist alles Unterdrückte im Körper an Toxine gebunden; bewusstes Ausatmen befreit den Körper von diesen Giften.

**Phase 2:** Während der zweiten zehn Minuten, der kathartischen Phase, sollen Sie all Ihre Verrücktheiten herauslassen, also toben, schreien, hüpfen, schlagen, trampeln usw. Alles, was hochkommt, soll herausgelassen werden. Diese Phase wird auch ›Explosionsphase‹ genannt.

Weinen oder Lachen, Tanzen oder Sich-auf-dem-Boden-Herumrollen – insbesondere alles, was man sich sonst nicht traut, weil man es kontrolliert – ist erlaubt. Gerade am Anfang haben viele Menschen mit dieser Phase Schwierigkeiten, da hier alte Muster durchbrochen werden sollen. Der Verstand schaltet dann alle Alarmlampen auf Rot, das kann ich Ihnen aus eigener Erfahrung als Rückmeldung geben. Wenn der Verstand blockiert, empfiehlt es sich, einfach zu schauspielern, also so zu tun, als sei man verrückt. Wenn man so tut, als sei man verrückt, wird man es nicht. Der Rest kommt dann von selbst.

Wenn wir das Wort ›total‹ hören, denken wir meist an ein unvorstellbares, enormes Mehr dessen, was wir bereits tun. Aber total bedeutet nichts weiter als: »Sei bei der Sache mit allem, was du bist, als ganzer Mensch.« Der Begriff total geht auf das lateinische Wort totus zurück, was ›ungeteilt‹ bedeutet. Und genau das ist die Absicht dieser Meditation: wieder ganz zu werden. Aufgrund unverdauter Traumata und Prägungen aufgrund von Dingen, die wir in unserem System unterdrücken mussten, sind wir in Bewusstsein und Körper gespalten.

**Phase 3:** Die dritte Phase ist die sogenannte ›Huh-Phase‹. Sie als Meditierender heben beide Arme und springen auf der Stelle, indem Sie das Mantra ›Huh‹ ausrufen. Dieser Ton soll tief aus dem Bauch herauskommen und die Energie, die hier sitzt, soll aktiviert werden. Dabei verausgaben Sie sich möglichst total. Dann ertönt plötzlich ein lautes »Stopp«, woraufhin Sie ›einfrieren‹, also stehen bleiben und genau in der Bewegung erstarren, die Sie zur Zeit des Signals ausgeführt haben. Jetzt werden Sie zum Zeugen, zum Beobachter. Sie beobachten Ihren Atem, Sie fühlen den Schweiß, der an Ihnen herunterrinnt, vielleicht bemerken Sie ein Jucken oder eine Verspannung. Osho sagte einmal, Aufmerksamkeit sei das große Schwert, das alles durchschneide. Das Hinlenken der Aufmerksamkeit auf einen Schmerz könne schon den Schmerz verschwinden lassen. Er sagte aber auch, dass man sich nicht quälen dürfe, denn Meditation solle in erster Linie Spaß machen. Auf diese Weise gelange man in sein Zentrum.

**Phase 4:** Während der letzten Phase begrüßen Sie den neuen Tag. Nach einer leichten Musik tanzen Sie so, wie Sie möchten.

Egal, in welcher Stimmung Sie nach den vorangegangenen Phasen sein mögen – traurig oder glücklich –, alles kann gefeiert und durch Tanzen zum Ausdruck gebracht werden! Sie sind Ihres Glückes Schmied. Dazu Osho: »Lass dich von deiner Freude durch den ganzen Tag tragen."

Die Dynamische Meditation eignet sich besonders gut für Gruppen – die Energie der anderen übt einen mitreißenden Einfluss aus.

Da diese Meditation mit geschlossenen Augen (am besten tragen Sie dabei eine Augenbinde) durchgeführt wird, sollten je nach Gruppengröße eine oder mehrere Personen zum Aufpassen dabei sein. Wegen des kathartischen Effekts kann es nötig sein, in der zweiten Phase ein Kissen zu reichen, auf das man einschlagen kann. Bei allen Meditationen empfiehlt Osho, nie etwas erzwingen zu wollen, da sie sonst zu einer Körperertüchtigung werde und man somit an der Oberfläche bleibe.

# Die Kundalini-Meditation

Die Osho-Kundalini-Meditation gehört neben der Dynamischen Meditation zu den wirkungsvollsten Burn-In-Methoden, die ich kennengelernt habe. Sie eignet sich für den frühen Abend, zum Beispiel kurz vor Sonnenuntergang, um nach einem vielleicht anstrengenden Tag seine Energien zu harmonisieren und wieder in Balance zu kommen. Die Osho-Kundalini-Meditation dauert 60 Minuten und ist unterteilt in vier gleich lange Phasen. Die Musik zu dieser Meditation gibt es unter gleichem Namen auf CD oder als Download.

In Indien sieht man die Lebenskraft, die Kundalini, vom unteren Ende der Wirbelsäule her (wo auch unsere primären Geschlechtsorgane liegen) hoch in den Körper steigen. Die Energiebahn über der Wirbelsäule und das Rückenmark sind es erst, die das Kopfhirn zu seinen Leistungen anstacheln. Auf dem Weg in die Höhe passiert diese Lebenskraft die bedeutsamen Energiewirbel (oder Chakren der Wurzel, des Kreuzbeins und des Nabels), ehe sie auf der Höhe des Herzens einen ersten Höhepunkt findet. Was danach kommt, sind drei weitere Stationen. Den Schädel zeichnet in dieser Situation eigentlich nur mehr aus, dass er gleich zwei dieser Energiewirbel aufweist, einen im Gesicht und einen auf dem Scheitel.

**Burn-In-Übung:**

›Kundalini‹ ist ein Terminus für die gesamte Energie als Einheit, Bewegung, Harmonie und Konfliktlosigkeit. Wenn sie mit dem Ganzen fließt, wenn sie ergänzend und organisch wirkt, tritt etwas Neues ein.

## Die Phasen der Kundalini-Meditation

**Phase 1:**

Sorgen Sie für einen guten Stand, indem Sie Ihre Füße schulterbreit stellen. Mit dem Einsetzen der Musik schütteln Sie Ihren Körper intensiv aus dem Becken heraus. Lassen Sie Kopf, Arme und Hände locker, sodass Sie alles schütteln können. Schütteln Sie in unterschiedlichen Geschwindigkeiten, mal schneller, mal stärker, damit das Schütteln keinen eintönigen Rhythmus bekommt. Lassen Sie das Schütteln von innen heraus geschehen und helfen Sie dann ein wenig nach. Am Anfang kann es hilfreich sein, wenn Sie sich dabei vorstellen, wie Sie alles von sich abschütteln, den ganzen Tag, alle Gedanken, alle Sorgen und Ängste. Lassen Sie überall los.

Dann ist es wichtig, ohne Absicht weiterzumachen, wobei machen das falsche Wort ist. Erlauben Sie Ihrem Körper seine eigenen Bewegungen. Sie sind allerdings nicht nur Ihr Körper, Sie sind mehr. Nur Meditation ohne Absicht, ohne dieses Machen, kann Sie auch innen erreichen. Die Augen können geöffnet oder geschlossen sein.

Meditieren Sie in einer Gruppe, so ist es sinnvoll, die Augen mit einer Augenbinde zu bedecken. Dies erleichtert es Ihnen, die Augen geschlossen zu lassen. Es gibt drei gute Gründe, dies zu tun:

- Meditieren hat etwas damit zu tun, nach innen zu gehen.

- Man wird nicht abgelenkt durch das, was die anderen tun oder nicht tun.
- Jeder ist geschützt vor Beobachtung oder Bewertung durch andere Teilnehmer (»Die tanzt aber komisch«).

**Phase 2:**
Tanzen Sie so, wie Sie sich gerade fühlen. Lassen Sie Ihren Körper sich so bewegen, wie er es mag. Der Tanz ist bei fast allen Völkern fester Bestandteil ritueller Trancen und meditativer Versenkungen. Indianische Medizinmänner leiten Heilungen oftmals durch Tänze ein und überall hat der Tanz eine tiefe Symbolik, die heute manchmal in Vergessenheit geraten ist.

Tanzen wird in dem Moment zur Meditation, wenn der Tänzer ›verschwunden‹ und nur noch Tanz da ist, ohne Absicht. In dem Moment, in dem Tanz zur Kunst wird, Kunst, in die der Tänzer versinkt, transzendiert der Künstler. Dann ist der Tanz zu seinem persönlichen Gebet geworden. Sie werden überrascht sein, wie kreativ Ihr Körper wird, wenn Sie ihm die Erlaubnis dazu erteilen. Sie werden Schritte und Bewegungen erleben, die Sie noch nie zuvor gemacht haben.

**Phase 3:**
Bleiben Sie stehen oder setzen Sie sich hin. Lauschen Sie mit geschlossenen Augen der ruhigen Musik. Wenn Gedanken kommen, lassen Sie sie ziehen und halten sich an keinem fest.

**Phase 4:**
Legen Sie sich auf den Rücken und ruhen Sie sich aus, 15 Minuten bei völliger Stille. Wenn Gedanken kommen, lassen Sie sie ziehen wie kleine weiße Wolken am blauen Himmel, halten Sie sich an keinem fest. Sich gegen Gedanken zu wehren, ergibt keinen Sinn. Im Gegenteil: Je mehr Sie sich wehren, desto mehr Gedanken werden kommen. Der einzige Weg ist, die Gedanken zu akzeptieren, ihnen zuzuschauen, ohne sie zu bewerten. Erst dann werden sie nach einiger Zeit verschwinden oder unwichtig werden. Alles, was Sie abwehren, gewinnt irgendwann Macht – und dies gilt nicht nur für Gedanken.

Die dritte und vierte Phase der Kundalini-Meditation sind die eigentliche Meditation; die ersten beiden Phasen dienen der Vorbereitung. Wenn Sie diese nur halbherzig durchführen, werden Sie die Wirkung verfehlen. Auch hier gilt das Sprichwort: Wie man in den Wald hineinruft, so schallt es heraus.

Nach regelmäßigem Üben der Kundalini- oder Dynamischen Meditation erkennt man schließlich, dass die meisten Sorgen, die uns belästigen, selbstgeschaffene Schatten sind. Diese Schatten erzeugen wir durch unser Handeln, im Krieg der Gegensätze. Aber sie haben keine reelle Grundlage. Die Schatten können verdrängte, unbewältigte Erlebnisse sein, die sich in unserem Unterbewusstsein festgesetzt haben. Diese Schatten nenne ich *Schattenkrieger*. Ständig anwesend lauern diese auf ihre Chance; meine Schwäche ist ihre Stärke. Eine Schwächung der Schattenkrieger kann nur über Erkennen und Verstehen erreicht werden, am besten in Meditation.

Meditation erzeugt einen Geisteszustand, der die Sinne schärft. Somit können Dinge wahrgenommen werden, die uns im normalen Zustand anders erscheinen oder sich gar nicht erst zeigen. Daraus kann man erkennen, dass nicht alles Gold ist, was glänzt, und dass nichts auf der Welt absolut gut oder böse, richtig oder falsch ist, sondern dass es hier einfach nur um Gegensätze geht, die sich einander bedingen und letztlich einen gemeinsamen Ursprung haben.

Der Krieg der Gegensätze kann aufhören. Wir sind dann in Sicherheit, wenn wir im ständigen Wandel fließen können, statt zu kämpfen und uns dabei zu verausgaben. Jedes Mal, wenn wir uns vertiefen, bringen wir unsere Energien ins Gleichgewicht. Bei jedem bewussten Atemzug übt sich unser Geist in Körper- und Atembewusstsein. Dadurch gewöhnt sich der Körper daran, Befehle vom Geist anzunehmen. Der Geist findet seine natürliche Ruhe, die wir ihm im Alltag so selten geben. Wir entdecken uns und unseren Körper wieder und können uns besser akzeptieren und verstehen. Die Sinne schärfen sich und wir lernen, viele Dinge anders zu sehen.

*Das Leben ist, was du daraus machst ...*
*eine Schule, ein Schlachtfeld ... oder ein Spielplatz.*
Quelle unbekannt

# Tai-Chi-Chuan

Meditation in Bewegung ist ein langer Weg und endet wahrscheinlich nie! – Entmutigt? Ich hoffe nicht! Tai-Chi-Chuan ist die Kunst, sich im Einklang mit der Natur zu bewegen. In einem fließenden Ablauf von Schritten und Gesten wird die Grundübung des Tai-Chi-Chuan ausgeführt, um den Körper anmutig, leicht und geschmeidig durch den Raum zu bewegen. Im stillen Dahinfließen der Bewegung wird der Geist aufmerksam und klar. Die Sinne werden geschärft. Durch eine offene, natürliche und unverkrampfte Körperhaltung entsteht ein freier Fluss von vitaler Energie, dem ›Chi‹, im Körper. Das Vereinen von körperlicher und geistiger Bewegung belebt den Organismus und harmonisiert die inneren Organe.

Man kann Tai-Chi unter den verschiedensten Aspekten trainieren, sei es für Entspannung oder Stressabbau, für innere Ausgeglichenheit oder bessere Konzentrationsfähigkeit, zur Vorbeugung von Krankheiten oder als Philosophie des Lebens. Anhand von Tai-Chi-Chuan lernt man, sich auf eine Sache zu konzentrieren und diese zu verfolgen. Außerdem wird man sich seines Körpers, seiner Seele und letztlich all seiner geistigen Fähigkeiten bewusst.

Dabei erlangt man das Gefühl, bewusster und sinnvoller zu leben, sich in Balance zu bringen und zu zentrieren. Der Körper erfährt eine optimale Haltung bei einem Minimum an Muskeleinsatz. Der Atem lenkt das Chi, die feinstoffliche Energie, und der Geist kommt zur Ruhe. Er öffnet sich für neue kreative Dinge! Dies ist eine erste Zielsetzung. Ohne große Erwartungshaltung ist das schon eine ganze Menge. Da ich Tai-Chi über einen längeren Zeitraum praktiziert habe und für sehr sinnvoll erachte, gebe ich dieser Methode hier einen Platz.

**Burn-In-Übung:**
Tai-Chi-Chuan als Reise zu den Quellen der Kraft ist ›eine hohe Kampfkunst aus dem Ursprung aller Dinge‹ oder ›das oberste Prinzip der geleerten Faust‹. Tai-Chi-Chuan wird nicht nur mit der ›Faust‹ geübt, es kann auch zu zweit mit Säbel, Schwert, Fächer, Stock oder Stab praktiziert werden. Die Waffe ist nicht wichtig, sondern das Prinzip.

Die Wirkungsweise liegt im bewussten Loslassen und Nachgeben, genau so, als wolle man einen Schatten besiegen. Tai-Chi-Chuan basiert auf dem Prinzip des Yin und Yang. Dies sind die traditionellen Ordnungsprinzipien der chinesischen Weltsicht, wie man sie bereits in dem über 2.500 Jahre alten *Buch der Wandlungen* (*I Ging* beziehungsweise *Yijing*) finden kann. Es sind Polaritäten, die sich wechselseitig hervorbringen und gegenseitig bedingen. Das eine Prinzip kann ohne das andere nicht existieren – ohne Licht kann es bekanntlich keinen Schatten geben.

Tai-Chi-Chuan ist zuallererst ein Kampf mit sich selbst und nicht mit anderen! Schließlich gilt es, sich in den Tanz des *Yin-Yang* einzubringen und dort aufzugehen. Von unten fließt die Kraft bzw. Energie der Bewegung durch die Füße ins Zentrum und wird dort gesammelt, um in die einzelnen Körperregionen ausgesandt zu werden. Dabei steuert das Zentrum die Aktionen, folglich ist dies der Ausgangspunkt aller Bewegungen. Man beginnt mit dem Zentrum, dann folgt die Bewegung.

Beim Tai-Chi-Chuan erfährt man die wohltuende Wirkung durch langsam fließende Bewegungen, die auf sanfte Weise ausgeführt werden. Die Wirkung ist entspannend, man entdeckt ein neues Körperbewusstsein. Richtig angewendet, kann man sein Chi (Kraft) entwickeln und pflegen.

Durch die Bewegungen kommen Körper, Seele und Geist in eine gesunde Balance. Dies setzt voraus, dass man seine Mitte findet und das Gewicht dementsprechend richtig verlagert. Nach Leere kommt Fülle, nach Fülle kommt Leere. Man wendet keine Kraft an, bewegt sich also sanft und weich, denn Tai-Chi ist kein Weg, um Kraft zu erlangen. Wer Kraft verwendet, verspannt sich und das Chi wird blockiert. Außerdem ist es eine entspannende Bewegungsform und man übt sich in bewusstem Loslassen.

Alle Bewegungen sind grundsätzlich kreisförmig und werden gleichmäßig in derselben Geschwindigkeit ausgeführt, was eine gleichförmige Bewegung entstehen lässt. Es gibt keinen Halt am Ende der Figuren, sondern höchstens ein kurzes Verweilen, das heißt, es geht darum, wie ein Fluss zu strömen, ohne Unterlass.

Der Körper bildet eine Einheit. Die Bewegungen einzeln und für sich genommen sind im Grunde Störungen. Dadurch lernt man, bewusst in eine Richtung zu fließen, und die Störungen verschwinden. Nebenbei fördert man Toleranz, innere Ruhe und Ausgeglichenheit.

Der Mönch Zhang Sanfeng, den man als Erfinder des Tai-Chi bezeichnet, entwickelte die einzelnen Übungen aus seinen Tierbeobachtungen. Bei der Betrachtung eines Kampfes zwischen einem Kranich und einer Schlange soll er die Prinzipien der Kampfkunst entdeckt haben. So tragen auch heute noch viele Übungen Namen aus diesen Beobachtungen, z. B. die Kranich-, Tiger- oder Pferdübungen, um nur einige zu nennen. Man soll dabei genau den Wechsel von ›fest zu leer‹ und umgekehrt beachten. Dann wird das Chi völlig ungehindert durch den ganzen Körper zirkulieren.

Obwohl man sich im Außen bewegt, sollte man im Inneren unbewegt bleiben. Jede Bewegungsform soll sorgfältig studiert werden, um ihre verborgene Bedeutung zu verstehen. Dann kann man diese Kunst erlernen, ohne sich in falscher Weise anzustrengen.

Erforschen Sie die Bewegungsformen sorgfältig und gründlich. Am Anfang ist es sinnvoll, sich durch mündliche Unterweisung eines Meisters auf den Weg des Tai-Chi führen zu lassen. Übt man beharrlich und genau, wird sich das Können von selbst entfalten. Der Geist und das Chi lenken Muskeln und Knochen. Denken Sie immer an den eigentlichen Sinn dieser Kunst: Länger leben, dabei jung und gesund bleiben. Wenn man Tai-Chi praktiziert, gibt es keine inneren Spannungen mehr. Die höchste Lebensenergie (das Chi) und die Durchblutung werden angeregt. Man wird ruhiger und friedlicher. Spirituelles Ziel ist das Dao, das Unaussprechliche, die ursprüngliche Einheit, die allen Wandel hervorbringt.

*Beachte die helle Seite der Dinge!*
*Und wenn du keine findest,*
*reibe die dunkle, bis sie glänzt.*
Quelle unbekannt

# Autogenes Training

Autogenes Training ist eine weltweit bekannte, wirkungsvolle und leicht zu erlernende Entspannungstechnik, die auf Autosuggestion basiert und in den 20er Jahren von dem Berliner Psychiater Johannes Heinrich Schultz entwickelt wurde. Autogenes Training (AT) kann jederzeit im Alltag durchgeführt werden und schenkt binnen kurzer Zeit innere Ruhe und körperliche wie auch seelische Entspannung.

Im Kern besteht AT aus sechs Übungen, die das vegetative Nervensystem regulieren: Schwere und Wärme in Armen und Beinen, Regulierung der Aktivitäten des Herzens und der Atmung, Wärme im Sonnengeflecht und Kühle auf der Stirn. Die Ziele des Autogenen Trainings sind:

1. Selbstentspannung, insbesondere der willkürlichen Körpermuskulatur und der Blutgefäße,
2. Selbstruhigstellung und als Folge dessen Schlafförderung,
3. Erholung mit Leistungssteigerung (Konzentration und Gedächtnis),
4. Selbstregulierung sonst unwillkürlicher Körperfunktionen (z.B. Herz und Kreislauf, Atmung und Verdauung),
5. Schmerzlinderung und Schmerzbeseitigung,
6. Selbstkritik und Selbstkontrolle durch Innenschau und Versenkung,
7. Körperkontrolle durch in der Versenkung eingebaute formelhafte Vorsätze, die automatisch wirken.

Man teilt das autogene Training (AT) in Übungen der Grund-, Mittel- und Oberstufe ein – hier stelle ich Ihnen die Grundstufe vor. Die sechs ›Standardübungen‹ des autogenen Trainings wirken am effektivsten, wenn sie in einer ruhigen Umgebung ausgeführt werden.

**Burn-In-Übung:**
Schultz rät seinen Patienten, sich an einen ruhigen Ort zu legen oder setzen, enge Kleidung zu lockern und die Augen zu schließen. Im Liegen wird man die Rückenlage mit seitlich angelegten Armen und angenehm unterstütztem Kopf bevorzugen. Beengende Kleidungsstücke werden geöffnet oder abgelegt.

Auf einem Stuhl oder Hocker sitzend, nimmt man die sogenannte ›Droschkenkutscherhaltung‹ ein, die ein beinahe ermüdungsfreies Sitzen ermöglicht: Man beugt den Oberkörper leicht nach vorne, der Kopf sinkt zur Brust hinab, die Füße stehen parallel und die Unterarme liegen auf den Oberschenkeln. Falls man einen Sessel bevorzugt, kann man sich bequem zurücklehnen und die Unterarme locker auf den Oberschenkeln aufliegen lassen.

Bei all diesen Positionen sind die Augen geschlossen. Dann sollten die sechs Standardübungen jeweils für 30 bis 60 Sekunden geübt werden. Begonnen wird mit der sogenannten **Ruhetönung**.

Stellen Sie sich die Formel »Ich bin ganz ruhig« vor. Hier kann es sinnvoll sein, diese Übung an die Atmung zu koppeln. Wenn man sich auf seinen Atem konzentriert, also seine Aufmerksamkeit vollkommen auf den Atem richtet, ist man schon ein gutes Stück bei sich selbst. Man kann sich zum Beispiel vorstellen, dass man Ruhe ein- und Spannungen ausatmet. Sind Sie im Erlernen des autogenen Trainings bereits fortgeschritten, genügt dann die Affirmation »Ruhe«, um die Ruhetönung herzustellen.

Auf die Ruhetönung folgt nun die **Schwereübung**. Hier heißt die erste Formel: »Der rechte Arm ist angenehm schwer.« Auch diese Formel sollten Sie sich innerlich einige Male vorsagen. Ich schlage vor, immer das Wort ›angenehm‹ zu benutzen, da Schwere oder Wärme ja auch als unangenehm empfunden werden können. Dann folgt die nächste Formel: »Beide Arme sind angenehm schwer.«

Die erste Formel fällt nach dem Erlernen der zweiten weg; schon beim Lernen dieser Übungen wird deutlich, wie individuell Lernen geschieht. Die dritte Übung »Arme und Beine sind angenehm schwer« ersetzt nach Erlernen die zweite und wird nach der Realisierung wiederum abgelöst von der vierten: »Der ganze Körper ist angenehm schwer.«

Erleben Sie diese angenehme Schwere, kann die Übung auch durch die Worte »angenehme Schwere« eingeleitet werden. Wenn Sie so weit sind, genügen also die Worte »angenehme Ruhe« und »angenehme Schwere«. Diese beiden Übungen gehen immer allen anderen voraus.

Auf die gleiche Weise wird nun die **Wärmeempfindung** trainiert. Nach Ruhe und Schwere erfolgt die Formel: »Der rechte Arm ist angenehm warm«. Das Vorgehen bis zur Kurzformel »Wärme« verläuft genauso wie das der vorangegangenen Übungen. Mit der Übungsfolge »Ruhe – Schwere – Wärme« beherrschen Sie die Grundübungen.

Jetzt schließen sich die **Organübungen** an. Diese bestehen aus einer beruhigend-suggestiven Hinlenkung auf Atmung, Herz, Sonnengeflecht und Kopf. »Die Atmung ist ganz ruhig« ist die erste dieser Formeln (die auch durch die

Formulierung »es atmet mich« ersetzt werden kann). Die zweite Formel »Das Herz schlägt ruhig und kräftig« wird durch das Wort »kräftig« möglicherweise als unangenehm erlebt, dann sollte sie durch »Das Herz schlägt ruhig und regelmäßig« ersetzt werden. Hier empfiehlt es sich, eine Hand auf dieser Gegend ruhen zu lassen, um genauer hineinspüren zu können.

Als dritte Organübung kommt »Das Sonnengeflecht ist strömend warm« hinzu. Hierbei handelt es sich um den Solarplexus, jenes größte vegetative Nervenzentrum des Menschen, das praktisch alle Bauchorgane beeinflusst. Macht man sich klar, dass die Bauchorgane bedeutende seelische Bezugspunkte für psychosomatische Wechselwirkungen sind, wird die Wichtigkeit dieser Übung deutlich.

Die vierte und letzte Organübung lautet: »Die Stirn ist angenehm kühl«. Hier wird die Stirnkühle als Gegensatz zur Wärme des Körpers empfunden; da Kühle einer schwächeren Durchblutung entspricht, symbolisiert sie gewissermaßen die Umschaltung auf das vegetative Nervensystem. Haben Sie diese Grundübungen erst einmal erlernt, so können spezifische Suggestionen, die auf Ihre Ziele abgestimmt sind, mit einbezogen werden.

Diese Affirmationen im autogenen Training nennt man formelhafte Vorsatzbildungen. Im Gegensatz zur Fremdhypnose werden hier die Vorsatzbildungen in der Gegenwartsform gebildet. Anfangs sollte nur eine Formel mit einbezogen werden. So könnte zum Beispiel eine Formel für jemanden, der sich das Rauchen abgewöhnen möchte, lauten: »Zigaretten sind ganz gleichgültig« oder »Rauchen ist gleichgültig bei Sicherheit und Selbstvertrauen.«

Bereits mit dem Erlernen der Grundstufe ist schon viel erreicht: Im hypnoiden, also hypnoseähnlichen, Zustand mit der dazugehörenden Selbstruhigstellung kommt es zu intensiver Erholung. In Phasen erhöhter Anstrengungen oder mangelnden Schlafes kann diese Fähigkeit genutzt werden, um eine Zunahme der körperlichen und geistigen Spannkraft zu erhöhen. Mit gezielten formelhaften Vorsatzbildungen lassen sich Sinneserlebnisse beeinflussen, indem die Konzentration auf bestimmte Empfindungen gesteigert wird. Das ermöglicht, diese Ereignisse tiefer zu erleben. Doch auch innere Schmerzen können durch eine Formulierung wie »Der Magen ist strömend warm und frei von Schmerz« wesentlich verringert werden. Ebenso lassen sich Gedächtnisleistungen durch die Übungen gezielt verbessern.

Wie wichtig hierbei die bewusste Formulierung ist, zeigte sich am Beispiel einer jungen Frau, die sich mit Selbstsuggestionen auf die amtsärztliche Prüfung zur Heilpraktikerin vorbereitet hatte. Ihre Formel lautete: »Ich lerne und behalte alles.« Am entscheidenden Tag saß sie vor den Prüfern und brachte keinen Ton heraus, obwohl sie alles wusste. Ihr Unterbewusstsein hatte sie beim Wort genommen, sie behielt alles – für sich. Das Unterbewusstsein wird nicht interpretieren, was Sie sagen oder denken, sondern genau das ausführen, was es ›versteht‹.

Mit entsprechender Übung kann man diese Formen auch bei körperlicher Aktivität benutzen; im Leistungssport ist dies schon lange kein Geheimnis mehr. Täglich sollte dreimal geübt werden, wobei die Übungsdauer nur einige Minuten betragen muss. Wichtig ist außerdem, dass man das autogene Training nicht schnell zwischen zwei wichtigen

Terminen erledigt (es sei denn, man beherrscht es), sondern sich für die Übungen Zeit lässt. Dem Unbewussten wird auf diese Weise mitgeteilt und bestätigt, es handele sich um eine wichtige Sache.

Wie bei allen anderen Suggestionsmethoden auch, müssen die Übungen wieder aufgehoben werden. Da Sie das autogene Training zu Hause und allein durchführen können, ist auf diesen Punkt besonderer Wert zu legen. Die Rücknahme geschieht ebenfalls durch Muskelanspannungen: Bei noch geschlossenen Augen werden die Arme dreimal hintereinander mit geballten Fäusten ruckartig und angespannt bis zu den Schultern geführt, dann wird tief ein- und ausgeatmet und die Muskeln werden wieder entspannt. Falls Sie das autogeneTraining abends zum Einschlafen benutzen, geschieht diese Rücknahme nicht.

Dass autogenes Training in extremen Situationen sogar Leben retten kann, bewies ein Student, der mit einem Freund die Sahara durchqueren wollte. Nach einer Autopanne fanden sie sich in der beklemmenden Situation wieder, mehrere Tage ohne Wasser existieren zu müssen. Zu seinem Glück beherrschte der Student das autogene Training – er überlebte, indem es ihm gelang, seine Körperfunktionen auf das Minimalste zu beschränken.

Bereits 1959 konnten J. H. Schultz und der Arzt und Psychotherapeut Wolfgang Luthe berichten, dass ihre Methode dazu beigetragen hatte, folgende Leiden zu lindern: Bronchialasthma, Tuberkulose, gastrointestinale Störungen, ›Herzneurosen‹, Angina Pectoris, erhöhten Blutdruck und andere Kreislauferkrankungen.

Autogenes Training ist als wirkungsvolle Stressprävention anerkannt. Viele Krankenkassen bezuschussen die Teilnahme an einem solchen Entspannungskurs, der meist in einer kleinen Gruppe stattfindet, oder übernehmen die Kosten sogar ganz.

*Nutze die Talente, die du hast.*
*Die Wälder wären sehr still,*
*wenn nur die begabtesten Vögel sängen.*
Quelle unbekannt

# Transzendentale Meditation

Die finanziellen Aufwendungen im Gesundheitswesen für Pflege, stationäre Aufenthalte, Arztkosten und Medikamente in der Bundesrepublik steigen immer weiter an. Diese Kostenexplosion beruht nicht zuletzt auf dem Umstand, dass sich die moderne Schulmedizin in der Regel darauf beschränkt, die Symptome der Krankheiten zu behandeln. Die Ursachen jedoch, nämlich Stress und Überbelastung, können nicht beseitigt werden. Genau das aber leistet die Transzendentale Meditation (TM). Sie befreit das Nervensystem systematisch von Stress und Verspannungen. Auf diese Weise schafft sie die Grundlage für eine stabile Gesundheit. Krankheit und Kostenexplosion werden gleichermaßen an der Wurzel bekämpft.

Jeder Arzt kennt in seiner Praxis zahlreiche Patienten, die berichten, wie Ärger ihnen auf den Magen schlägt, Angst das Herz jagen lässt oder Unsicherheit Geist und Körper lähmt. Diese Menschen werden trotz ihrer Beschwerden oft weder ernst genommen noch behandelt, solange keine organische Erkrankung vorliegt. Auch die Bemerkung, die Beschwerden seien ohnehin ›nur psychisch‹, ist für den oder die Betroffenen kein Trost, sondern wohl eher eine mentale Ohrfeige.

Transzendentale Meditation wird im Sitzen ausgeübt und ist leicht zu erlernen. Zum Meditieren wird ein Mantra benutzt, hierdurch soll Gedankenaktivität hinter sich gelassen werden. TM kann man in jedem Krankheitsstadium empfehlen: Patienten, die an organischen Krankheiten leiden, profitieren von TM durch die tiefe Ruhe, die sie erleben und die ihre Selbstheilungskräfte mobilisiert. Psychosomatisch verursachte Leiden werden durch TM an der Wurzel angegangen.

Die zeitlosen Texte der vedischen Medizin bezeichnen Gesundheit als *svasthya* – wörtlich übersetzt heißt das: im eigenen Selbst gefestigt. Da die Transzendentale Meditation genau diese Rückverbindung zum eigenen Selbst ermöglicht, liegt hier der Erklärungsansatz für die Verbesserungen der Gesundheit durch regelmäßiges Meditieren.

Aus traditionell medizinischer Sicht wird als wesentliche Ursache für diese Effekte die tiefe körperliche Ruhe angesehen, die sich während der TM einstellt. Veränderungen der Atemfrequenz und des Sauerstoffverbrauchs (beide werden hauptsächlich durch das vegetative Nervensystem gesteuert) sind deutliche Parameter für einen einzigartigen Entspannungszustand durch TM.

Transzendentale Meditation können Sie in einer persönlichen Unterweisung durch einen autorisierten TM-Lehrer im Rahmen eines siebenstufigen Grundkurses erlernen. Zu Beginn stehen zwei unverbindliche Informationsvorträge: Ein Einführungsvortrag gibt einen Überblick über die Möglichkeiten der persönlichen Entwicklung durch TM. In einem weiteren vorbereitenden Vortrag wird näher auf Herkunft und Funktionsweise der TM-Technik eingegangen. Ein kurzes persönliches Gespräch mit dem TM-Lehrer bietet die Gelegenheit, weitere Details über den Ablauf der Unterweisung sowie persönliche Fragen zu besprechen. So werden Sie rasch und kompetent über die Technik informiert und können diese im Anschluss eigenverantwortlich anwenden. Für die individuelle Unterweisung ist etwa eine

Stunde einzuplanen. An den drei unmittelbar darauffolgenden Tagen finden drei Seminare von jeweils etwa zwei Stunden Dauer statt: Das erste Folgetreffen nach der persönlichen Unterweisung dient der Festigung der Meditationspraxis, im zweiten wird das Verständnis dessen, was während der Meditation geschieht, vertieft. Beim dritten Folgetreffen wird die Rolle der Transzendentalen Meditation bei der Entwicklung höherer Bewusstseinszustände erläutert. Nach Beendigung des siebenstufigen TM-Grundkurses sind Sie in der Lage, Transzendentale Meditation selbstständig und unabhängig von Ihrem Lehrer zu praktizieren. Auf Wunsch haben Sie jederzeit die Möglichkeit, Ihre Meditation von einem TM-Lehrer überprüfen zu lassen oder an weiterführenden Seminaren teilzunehmen.

Grundschüler zeigten nach einjähriger Ausübung der Transzendentalen Meditation eine hochsignifikante Zunahme ihrer schulischen Leistungen in Bezug auf Rechnen, Schreiben und Lesen. Eine deutliche Leistungssteigerung wurde in einer zweiten Studie bei Oberschülern festgestellt, die an einem Bildungstest teilnahmen. Eine dritte Untersuchung ergab, dass die Zeitdauer, während der Studenten die Transzendentale Meditation ausgeübt hatten, signifikant mit ihrer akademischen Leistung korrelierte, und zwar unabhängig von ihren IQ-Werten (aus 1. Psychosomatic Medicine 49, 1987).

Es ist erwiesen,

... dass laut einer Krankenversicherungsstatistik Ausübende der Transzendentalen Meditation etwa 50 Prozent weniger krank sind als Personen von Vergleichsgruppen und somit nur die Hälfte der medizinischen Leistungen in Anspruch nehmen.

... dass TM im *Ratgeber Herz und Kreislauf* der Stiftung Warentest als besonders wirksam zur Prävention von Herz- und Kreislauferkrankungen dargestellt wurde.

... dass infolge dieser Studie die niederländische Versicherungsgruppe Geové allen Mitgliedern, die Transzendentale Meditation ausüben, einen 15- bis 20-prozentigen Nachlass auf den Versicherungsbeitrag einräumt.

... dass schottischen Ärzten das Erlernen der Transzendentalen Meditation als berufliche Fortbildung anerkannt wird.

... dass in St. Louis, USA, jugendliche Straftäter auf Bewährung freigelassen werden können, wenn sie TM erlernen. Der Grund: In über 20 wissenschaftlichen Studien zeigte sich, dass Straftäter, die TM ausüben, wesentlich seltener rückfällig werden, gesünder leben und schneller resozialisiert werden können.

... dass laut einer groß angelegten Studie der schwedischen Regierung Ausübende der Transzendentalen

Meditation wesentlich seltener psychisch erkranken als der Bevölkerungsdurchschnitt.

... dass auch das Chemieunternehmen Montgomery in Amerika seinen Mitarbeitern die Ausübung der TM aufgrund eigener interner Untersuchungen empfiehlt.

... dass von der japanischen Regierung eine Broschüre zur Selbstmordprävention herausgegeben wurde, in der TM empfohlen wird.

... dass in England niedergelassene Ärzte ihren Patienten TM verschreiben können und das staatliche Gesundheitssystem die Kosten übernimmt.

... dass eine Studie der japanischen Regierung zu dem Ergebnis kam, Transzendentale Meditation verbessere die geistige Gesundheit von Industriearbeitern.

... dass TM weltweit im Managementbereich stetig wachsenden Zuspruch findet.

*Der Geist eröffnet dir die Welten,*
*das Herz zeigt dir den Weg ins Licht.*
Hans-Christoph Neuert

# Neue Visionen gestalten

Haben Sie ein Ziel vor Augen? Wissen Sie, wo Sie hinwollen? Und fragen Sie sich jetzt nur noch, wie Sie dieses Ziel erreichen können, ohne dabei etwas zu übersehen? In einem solchen Fall bietet sich die Strategie des berühmten Seefahrers Vasco da Gama an.

Ende des 15. Jahrhunderts machte sich der Portugiese im Auftrag seines Königs Manuel I. auf die Reise, um den Seeweg von Portugal über das Kap der Guten Hoffnung nach Indien zu finden. Angetrieben wurde er dabei durchaus nicht nur von Pioniertum und Entdeckergeist: Im Wesentlichen ging es um möglichen Profit. Gewürze wie Pfeffer, Zimt und Ingwer waren seinerzeit buchstäblich Gold wert, König Manuels royales Interesse galt also der späteren ›Gewürzroute‹ – dem direkten Seeweg zwischen Indien und Europa, der Zwischenhändler ausschalten und Gewinn wie auch Macht maximieren würde.

Am 8. Juni 1497 hissten Vasco da Gama und seine Crew im Hafen von Lissabon die Segel und stachen in See. Da Gama befehligte insgesamt 150 bis 170 Männer auf vier Schiffen, sogenannte Karavellen: die Nau São Gabriel, mit 120 Tonnen das Flaggschiff der kleinen Flotte, die Nau São Rafael (kommandiert von Paolo da Gama, Vascos älterem Bruder), die Nau Bérrio sowie ein Versorgungsschiff, das unter anderem die notwendigen Lebensmittel für die bevorstehende lange Reise transportierte. Mit an Bord war auch Bartolomeu Diaz, der 1487 als erster Seefahrer das Kap der Guten Hoffnung an der Südspitze Afrikas umsegelt hatte.

Im Atlantik ließ Vasco da Gama die Flotte einen bemerkenswerten Bogen Richtung Westen segeln: Weit draußen im offenen Meer, 3.000 km vom afrikanischen Festland entfernt, herrschten bessere Windverhältnisse, die es auszunützen galt. Anfang November, nach fünfmonatiger Reise, landeten da Gama und seine Crew in der Sankt-Helena-Bucht an der Westküste Afrikas, um nun die Umrundung des Kaps der Guten Hoffnung in Angriff zu nehmen. Dies gelang drei Wochen später, dann ankerte die Flotte in Mossel Bay, einer östlich des Kaps gelegenen Bucht. Entlang der ostafrikanischen Küste ging es weiter, über Mosambik und Mombasa bis nach Malindi. Im Mai 1498 liefen die vier Schiffe im Hafen von Calicut ein: Indien war erreicht.

Unter Nicolao Coelho schließlich traf im Juli 1499 ein Schiff aus Vasco da Gamas Flotte, bis an den Rand beladen mit Gewürzen, wieder in Lissabon ein. Vasco da Gama selbst blieb noch einige Wochen auf den Azoren, um seinem todkranken Bruder beizustehen, wurde dann aber im September unter großem Jubel in Portugal empfangen. Der Grundstein für die lange Vorherrschaft Portugals im Gewürzhandel und somit großem Reichtum war gelegt. (Gegen Krankheit und Vitamin-C-Mangel vermochte allerdings auch Vasco da Gama nichts ausrichten: Die Mehrzahl seiner Männer starb auf dem Rückweg von Indien an Skorbut.)

Worin also begründet sich Vasco da Gamas Erfolg, jenseits von Mut, Entdeckerlust und Profitstreben? Zum einen hatte er sich vor dem Aufbruch zu der Reise intensiv mit seinem Ziel auseinandergesetzt und die weiter unten beschriebenen sechs Punkte detailliert beachtet. Ebenso genau untersuchte er, an welchen Hindernissen seine Vorgänger gescheitert waren – wertvolle Informationen, die er in seiner Strategie berücksichtigte, getreu dem Motto ›Was bisher schon ausprobiert wurde und nicht von Erfolg gekrönt war‹.

**Burn-In-Übung:**
**Die sechs Schritte des Vasco da Gama**
Über folgende Schritte lässt sich ein Ziel effizient erreichen:

**1. Zielinformation:**
*Welche Informationen habe ich über das Ziel? Welchen Gewinn werde ich haben?*
Vasco da Gama standen mehrere Informationen zur Verfügung. Dank der Erkenntnisse des Seefahrers Bartolomeu Diaz wusste er zumindest ungefähr, wo das Ziel lag, ebenso wusste er, dass derjenige, der es schaffen würde, den Seeweg zu finden, Vizekönig werden sowie unermesslichen Ruhm und Reichtum erwerben würde.

**2. Schwierigkeiten:**
*Welche Wege waren bisher nicht effizient, wo hatten andere schon Schwierigkeiten gehabt und welches waren die Hindernisse?*
Die Gründe früherer erfolgloser Versuche waren Vasco da Gama bekannt. Bartolomeu Diaz beispielsweise, der vor ihm eine Expedition gestartet hatte, musste wegen einer Meuterei am Kap der Guten Hoffnung umkehren. Zuvor war er immer dicht an der Küste gesegelt, was wegen fehlender

Winde die Reise verzögert hatte. Proviant und Wasser waren knapp geworden; an Land war die Mannschaft manchmal auf feindliche Eingeborene getroffen. Darüber hinaus war es zu der Reisezeit so heiß gewesen, dass das Pech auf den Planken geschmolzen war.

**3. Einverständnis:**
*Wer oder was kann mich hindern? Wie kann ich die positive Absicht nutzen?*
Vasco da Gama erhielt zu Hause sicherlich Gegenwind, auch werden ihm Menschen seines engeren Kreises aus Sorge um sein Leben abgeraten haben. Zudem musste er Sponsoren überzeugen.

**4. Wegbegleiter:**
*Welche Ressourcen habe ich, welche brauche ich noch und worauf kann ich vertrauen?*
Vasco da Gama wusste, was er konnte, und vertraute darauf. Ferne heuerte er den Schiffsschreiber des Bartolomeu Diaz und dessen Bruder an, die beide an der missglückten Reise teilgenommen hatten und ihre Erfahrungen einbringen konnten. Außerdem stellte da Gama nur Männer ein, die ihm persönlich bekannt waren und denen er vertrauen konnte, nicht gleich bei der ersten Schwierigkeit das Handtuch zu werfen.

**5. Neuer Weg:**
*Wie kann ich das Ziel elegant und ökonomisch erreichen? Welcher Weg wurde bisher noch nicht probiert?*
Da Vasco da Gama den Breitengrad kannte, an dem das Kap der guten Hoffnung lag, konnte er weit entfernt von der Küste segeln, wo die Winde günstiger waren.

**6. Leinen los:**
*Wann ist der richtige Zeitpunkt für mein Vorhaben?*
Vasco da Gama segelte zu einer anderen Jahreszeit los als sein Vorgänger, dessen Vorhaben unter anderem an der enormen Hitze gescheitert war.

Gehen Sie diese Schritte im Kontext Ihres eigenen Anliegens in Ruhe durch – vielleicht auch mit einem kritischen, aber wohlgesinnten Gesprächspartner. Machen Sie sich Notizen.

*Wer will, findet Lösungen,*
*wer nicht will, findet Ausreden.*
Quelle unbekannt

## Die Kinotechnik

Diese Burn-In-Übung ist besonders hilfreich, weil Sie hierbei Ihre Kreativität voll ausschöpfen. Lassen Sie sich von einem Partner durch diese Übung führen.

**Schritt 1:** Stellen Sie sich zunächst eine Situation vor, in der Sie sich erfolgreich, zufrieden, stark und als vollkommen autark erlebt haben. Was sehen Sie? Was hören Sie? Was fühlen Sie? Nehmen Sie sich ausreichend Zeit, diese Eindrücke vor Ihrem inneren Auge in allen Einzelheiten mit Ihren Sinnen noch einmal zu erleben. Machen Sie sich Notizen dazu.

**Schritt 2:** Entspannen Sie sich, schließen Sie dabei die Augen und visualisieren Sie Ihr Ziel in allen Einzelheiten. Stellen Sie sich dabei vor, Sie hätten dieses Ziel bereits erreicht.

**Schritt 3:** Stellen Sie sich nun vor, Sie säßen alleine in einem Kino, in dem es eine Privatvorführung für Sie gibt. Der Vorhang öffnet sich, nach kurzer Zeit sehen Sie einen Film, in dem genau Ihr Ziel gezeigt wird. Wie ist das Setting? Welche Menschen befinden sich eventuell noch mit im Bild? Welche Gerüche, Töne, Farben und weitere Dinge nehmen Sie wahr? Wenn Sie den Film genau und in allen Einzelheiten sehen können, folgt der nächste Schritt.

**Schritt 4:** Visualisieren Sie nun, dass Sie aus Ihrem Kinosessel heraus in diesen Film eintauchen. Sie sind dann assoziiert. Als selbstgewählter Hauptdarsteller können Sie erleben, wie es sich anfühlt, Ihr Ziel erreicht zu haben. Wenn Sie noch etwas verändern möchten, treten Sie wieder aus dem Film heraus und begeben sich in einen imaginären Regieraum. Dort können Sie Veränderungen an dem Film vornehmen, bis alles genauso ist, wie Sie es sich wünschen. Dann gehen Sie wieder in den Film hinein. Wiederholen Sie diesen Schritt, sooft Sie wollen.

## Rückschau halten

Hier beschreibe ich eine besonders schöne Burn-In- Übung, die in einer kleinen Gruppe durchgeführt werden kann. Sie fordert Ihre Fantasie heraus und regt Ihre Fähigkeit an, Lösungen zu konstruieren.

Machen Sie diese Übung zu dritt oder zu viert. Das Setting dazu: Sie sitzen auf einem Stuhl oder in einem Sessel, die Partner zu Ihren Füßen. Entspannen Sie sich und stellen Sie sich vor, dass Sie 90 Jahre alt sind und bei bester geistiger und körperlicher Gesundheit an einem Ihrer Lieblingsplätze sitzen, auf ein erfülltes Leben zurückschauend. Stellen Sie sich weiterhin vor, dass Ihre Partner Ihre ›Urenkel‹ sind. Diese hören Ihnen nun zu, wie und was Sie von Ihrem glücklichen Leben berichten. Was erzählen Sie Ihren Urenkeln? Legen Sie Ihren Fokus dabei auf die Zeit jenseits des momentanen Zeitpunktes.

Die ›Urenkel‹ sollten Ihnen während Ihrer Erzählung möglichst viele Fragen stellen, als wäre ihre Neugierde niemals zu stillen:

- »Wie hast du es damals geschafft, dass das alles möglich wurde?«
- »Wie haben denn andere, dir wichtige Menschen, darauf reagiert?«
- »Und was hast du noch getan?« (Diese Frage sooft wie möglich wiederholen.)

Je mehr Fragen nach Ihrem eigenen Verhalten dabei gestellt werden, desto besser.

*Menschen, die bloß arbeiten,*
*finden keine Zeit zum Träumen.*
*Nur wer träumt, gelangt zur Weisheit.*
Smohalla

# Reisen nach innen

Es gibt zwei Arten von Fantasiereisen: Die freie Reise wie die Rückschau (vorheriges Kapitel) und die gelenkte Reise. Beide Formen kann man auch als Meditation bezeichnen.

Bei der ersten lässt man der Imagination freien Lauf. Unsystematische Imaginationen werden zugelassen, das Vorstellungsvermögen gewinnt im Zustand der geistig-körperlichen Entspannung an Farbigkeit, an Plastizität und entwickelt sich zu einem echten dreidimensionalen Objekt. Eine – quasi reale – Welt mit echtem Wahrnehmungscharakter eröffnet sich.

Als Kinder war das für uns ganz selbstverständlich: Wir sprachen mit imaginierten Freunden und hielten uns mit ihnen in einer anderen Welt auf. Leider gewöhnen viele Eltern ihren Kindern diese Fantastereien ab, da sie scheinbar nicht in unsere Welt hineinpassen, in der man sich bekanntlich an der ›Realität‹ misst. Zum Glück haben wir diese Fähigkeit nicht wirklich verloren, sondern können sie aus den tieferen Schichten unseres Selbst wieder hervorholen.

Wenn man diese Fähigkeit der Imagination beherrscht, wird sie bei vielen Gelegenheiten von großem Nutzen sein. Denken Sie nur an einen Abfahrtsläufer, der die Piste vor seinem Start mental hinunterfährt, oder einen Schauspieler, der sich auf seinen Auftritt vorbereitet.

Es gibt zwei Arten, diese Bilder zu erleben, assoziiert oder dissoziiert. Meist tendieren wir dazu, uns bei der

Erinnerung an negative Erlebnisse assoziiert zu sehen, also quasi erneut in diesem Geschehen. Sinnvoller ist es jedoch, sich in diesem Falle dissoziiert zu erleben und das Geschehen somit von außen zu betrachten. Dann kann man nämlich Hinweise erhalten, die man früher, als diese Situation existierte, gar nicht wahrgenommen hatte. Die Wirkung des Unterschiedes können Sie sofort testen: Stellen Sie sich vor, Sie säßen vorne in einer Achterbahn, der Wagen hätte gerade den ersten Gipfel erreicht – und als Alternative stellen Sie sich vor, wie Sie unten an der Achterbahn stehen und sich in jenem Wagen sitzen sehen, der gerade den ersten Gipfel erreicht hat.

Am Anfang ist es leichter, sich eine Kinoleinwand vorzustellen, auf die man die Bilder projizieren kann. Je nach Belieben kann man dann – ähnlich wie bei der Kinotechnik – in diesen ›Film‹ einsteigen, ihn anhalten, zurückspulen, schneller oder langsamer abspielen. Später wird man diese imaginäre Leinwand nicht mehr benötigen, es genügt dann die Konzentration auf das dritte Auge, also den Punkt zwischen den Augenbrauen.

Bei einer gelenkten Fantasiereise handelt es sich um einen gesprochenen Text, meist mit einer Entspannungsmusik unterlegt, wie auf der Doppel-CD *Reisen nach Innen*, die es zu diesem Buch gibt. Dabei liegen oder sitzen Sie entspannt auf einer Liege oder in einem Sessel und folgen einfach den Anweisungen. Je intensiver Sie sich darauf einlassen, desto wirkungsvoller wird eine solche Reise sein. Oft kann es geschehen, dass Sie danach aufstehen und meinen, es sei nichts geschehen. Etwas später können Sie allerdings bemerken, dass sich in Ihrem Leben einige Dinge ändern, sei es, dass Sie zu manchen Inhalten eine neue

Einstellung bekommen, sei es, dass Sie sich in gewissen Situationen anders als zuvor verhalten. Würde man Sie fragen, woran dies liege, könnten Sie in den meisten Fällen keine plausible Erklärung geben.

Der bekannte Arzt und Hypnotherapeut Milton Erickson sagte einmal, dass die wirkungsvollsten Veränderungen nur unter Umgehung des Bewusstseins geschähen. Am Simonton Cancer Center in Malibu werden sehr erfolgreich Krebspatienten mithilfe von Imaginationen behandelt.

Oscar Carl Simonton war Facharzt für Radiologie und Onkologie; über 30 Jahre lang arbeitete er gemeinsam mit seiner Frau Stephanie Matthews Simonton mit Krebspatienten, die ihren Genesungsprozess aktiv unterstützen wollten. Die Arbeit des Paares erlangte internationale Bedeutung für die Beratung und Begleitung von Krebspatienten. Elemente ihrer Philosophie und Techniken haben Einfluss auf die praktische Beratungsarbeit im Feld der Psychoonkologie in den USA, Europa und Japan.

Hierbei ist die Mitarbeit des Patienten von großer Bedeutung. Der Patient imaginiert den Krebs, dazu die Abwehrkräfte und arbeitet mehrmals am Tag mit diesen inneren Bildern. Die weißen Blutkörperchen werden dabei beispielsweise als edle Ritter gesehen, gegen das Krebsgeschwür kämpfend und den Sieg davontragend. Dies, mehrmals wiederholt, hat nach Aussagen des Therapeutenpaares sehr gute Erfolgsquoten, was sich in Nachuntersuchungen zeigt.

Bei der geleiteten Körper-Imagination versucht der Patient, Änderungen von Körperfunktionen herbeizuführen, die gewöhnlich dem bewussten Zugang als verschlossen gelten. Er wird angeleitet, sich ein bestimmtes Symptom bildlich vorzustellen, beispielsweise einen festen Knoten, der seinen Magenschmerz darstellen soll. Dann konzentriert er sich auf die Auflösung des Bildes – was zur Auflösung des Knotens und des Schmerzes führt.

## Fantasiereisen

Im Folgenden finden Sie Texte für Fantasiereisen, die Sie auch, leicht abgewandelt und von mir besprochen, als Doppel-CD oder auch als Download erhalten können. Die Fantasiereise *In Morpheus Armen* fördert gesunden Schlaf, bei *In Chirons Höhle* werden Sie zu einem inneren Ratgeber begleitet, beide befinden sich auf der CD *Reisen in Trance*.

Viele Menschen, die unter Schlafstörungen leiden, nutzen diese Reisen mit Erfolg. Das Besondere daran: Sie werden zwei Stimmen hören, eine weibliche und eine männliche, die im Kopfhörer sowohl von links als auch von rechts und von oben kommen. Der Sinn dieser komplexen Stimmverteilung liegt darin, das Bewusstsein abzulenken, indem es damit beschäftigt wird, beide oder alle Stimmen genau zu verstehen. Dadurch können die Suggestionen direkt zum Unbewussten gelangen und sozusagen am Türsteher ›Verstand‹ vorbei.

Die Fantasiereisen, die nun folgen, können Sie sich aber auch vorlesen lassen oder selbst auf Band sprechen. Nehmen Sie sich dafür Zeit, die Sätze langsam und deutlich zu sprechen. Machen Sie Pausen. Sprechen Sie bewusst und stellen Sie sich vor, wie lange Sie gerne in welchem Moment und an welcher Stelle verharren möchten. Passen Sie Ihr Sprechtempo daran an. Wenn Sie soweit sind und sich auf Ihre Fantasiereise begeben möchten, sorgen Sie unbedingt dafür, dass Sie ungestört bleiben. Schalten Sie Ihr Handy aus und beseitigen Sie weitere Störfaktoren.

## Fantasiereise: Kraft der Erde

(auf der CD zum Buch)

Legen Sie sich bequem hin und suchen Sie sich eine Position, in der Sie eine ganze Weile gemütlich liegen bleiben können. Wie bei allen noch folgenden Meditationen sollten Sie dafür sorgen, ungestört zu bleiben.

*»Atme ein paarmal tief ein und aus und spüre, wie jeder Atemzug dich näher zu dir bringt, tiefer in deine Mitte und Ruhe.*

*Sei dir gewiss, dass die nächste Zeit nur dir ganz allein gehört und du sicher und geborgen auf deiner Unterlage liegst ... Spüre den Boden, die Erde, wie sie dich trägt, und vielleicht spürst du schon, wie du ein wenig tiefer einsinkst. Jetzt oder gleich beginnst du dich zu entspannen ... Du hörst die Geräusche um dich herum und sie sind ganz bedeutungslos, egal welcher Art sie sind. Du nimmst sie wahr und lässt sie einfach sein ... Deine Gedanken kommen und gehen, sie ziehen vorbei wie leichte weiße Wolken im Himmel eines Sommertages, steigen wie Papierdrachen hoch und immer höher, bis sie einfach verschwunden sind ... Du folgst mit deiner Aufmerksamkeit deinem Atem, mit jedem Einatmen wirst du ruhiger und mit jedem Ausatmen lässt du los. Alles, was dich bedrückt oder belastet, alles, was dich beschwert und gefangen hält, atmest du einfach fort, du lässt es einfach ziehen ... Du spürst, wie mit jedem Einatmen Ruhe und Gelassenheit in dich einströmen, jetzt oder später, und sich mit jedem Ausatmen eine Welle in deinem Körper verteilt ... Diese Welle von Ruhe erfüllt jede noch so weit entfernte Zelle deines Körpers mit tiefer, angenehmer Entspannung. Du kannst ganz genau spüren, wo deine Mitte ist, und genau dort spürst du jetzt oder bald eine ganz tiefe Ruhe, die dich überallhin begleitet ... Vielleicht sind deine Beine schon schwerer und angenehm warm oder eine neue Leichtigkeit breitet sich in dir aus ... Spüre die schwere, warme Leichtigkeit deiner Arme, vielleicht sind sie aber auch angenehm kühl. Lasse dich immer tiefer fallen, lasse immer mehr los. Du fühlst die Geborgenheit deiner Unterlage und die Sicherheit, die Mutter Erde dir gibt ... Du weißt, sie trägt dich immer, ganz egal, wie schwer oder wie leicht du auch bist. Du weißt es, so wie du es immer gewusst hast, und du es immer wissen wirst.*

*Du weißt, dass Mutter Erde ein Teil von dir ist und du ein Teil von ihr ... In deiner Fantasie kannst du alles tun und erschaffen und vielleicht kannst du dir vorstellen, wie du Wurzeln aus dir herauswachsen lässt, so wie ein großer alter Baum ... Vielleicht spürst du, wie sie hineinwachsen in die Erde und sich wiederum in ihr verwurzeln. Vielleicht kannst du sogar das leise oder lautere Geräusch der feinen Wurzelspitzen hören, wie sie sich vorsichtig vorantasten und sich sorgfältig ihren Weg durch das Erdreich bahnen ... Vielleicht siehst du, wie sie wachsen und größer werden und sich immer tiefer und tiefer verwurzeln, bis sie mächtige Arme geworden sind, die dich halten und schützen können.*

*Tief im Inneren dieser Äste fließen Wasser und Nährstoffe, mit leisem Rauschen oder tosendem Donnern, ganz so, wie du es willst und wie es dir angenehm ist ... So nimmst du es wahr und ganz so, als wärest du ein Baum, fließt Kraft zu dir hin, in dich hinein, sanft und langsam oder schnell und mit Macht, ganz so, wie du es möchtest, wie es gut für dich ist. Spüre die Kraft, deine Kraft, wie sie in dich hineinfließt, in dein Zentrum, in deine Mitte ... Du kannst sie überallhin leiten, wohin du willst oder wo du sie brauchst. Du kannst sie alles tun lassen für dich, sie kann dich heilen, sie kann dich stärken, sie kann dich unterstützen, sie kann dich halten ... Du selbst weißt am besten, was du damit tun kannst. Sie gibt dir Halt und Geborgenheit, Sicherheit und Stärke. Spüre deine Kraft, wie sie ganz für dich da ist, nur für dich ganz allein.*

*Tief in dir, im Zentrum deines Seins, weißt du, dass dir diese Kraft, die Kraft von Mutter Erde, immer und überall zur Verfügung steht ... Du brauchst sie nur in dich hineinströmen zu lassen und aus der Erde zu ziehen. Mutter Erde schenkt dir ihre Kraft, ihre unerschöpfliche, nie endende Kraft, immer und überall, wenn du es willst, wo du es willst, so viel du willst. So, wie du jetzt die Unterlage spürst und wie sie dich trägt, so spürst du später bei jedem Schritt Mutter Erde unter deinen Füßen und du erinnerst dich, dass ihr Geschenk an dich, ihre Kraft, immer für dich da ist und jederzeit für dich bereitsteht ... Hole dir nun noch einmal Energie, wenn du magst ... Dann löse langsam die Wurzeln, die du dir hast wachsen lassen. Löse sie ganz und gar auf, löse dich vom Boden, aber behalte deine Energie bei dir.*

*Spüre deine Arme und Beine, deinen Körper, spüre, wie sie wieder leicht und beweglich werden, und komme mit deiner Aufmerksamkeit wieder ganz zurück in deinen Körper, zurück in diesen Raum. Atme ein paarmal tief ein und aus, reck dich und streck dich und sei wieder ganz im Hier und Jetzt ... Öffne nun deine Augen.«*

## Der Gedankengarten

(auf der CD zum Buch)

Sorgen Sie dafür, dass Sie ungestört bleiben. Machen Sie es sich in einem Sessel oder auf einer Liege bequem. Lassen Sie leise Entspannungsmusik im Hintergrund laufen.

*»Du kannst es dir ganz bequem machen und wenn du magst, schließe die Augen ... Und während du es dir vielleicht noch bequemer machst, spielt es keine Rolle, ob deine Augen jetzt schon geschlossen sind, sodass dein Körper eine Zeit lang ausruhen kann. Du hörst die Musik und meine Stimme ... und diese Stimme kann wie eine eigene innere Stimme sein, der du einfach zuhören kannst ... und du fühlst deinen Körper auf der Unterlage oder der Sitzfläche.*

*Du spürst deinen Atem und es mag sein, dass du das, was ich sage, nicht bewusst verstehst, ... während dein Unbewusstes frei ist, ... die wesentlichen Dinge zu sammeln und das zu beachten, was im jeweiligen Moment wichtig ist, sei es die Entspannung deines Körpers oder deiner Gedanken ... und du brauchst nichts zu tun ... Du kannst dir vorstellen, dass deine Gedanken wie Wolken sind, ... und spüren, wie dein Körper gelöster und weicher wird ... Wolken, die an dir vorüberziehen ... Es gibt Gefühle in deinem Körper ... und diese Gefühle ... und diese Wolken verändern sich.*

*Es gibt kleine Wolken ... Es gibt größere Wolken ... Wolken ganz nah ... Wolken weiter weg ... Weiße Wolken kommen von irgendwoher und ziehen irgendwohin ... Es ist gleichgültig ... Vielleicht spürst du, wie ein angenehmes Gefühl der Gelöstheit und der Ruhe deinen Körper durchströmt ...*

*Gedanken werden zu Wolken, ... sodass du mit jedem Ausatmen mehr und mehr loslassen kannst ... Gedanken zu*

*Wolken ... einfach loslassen ... Gedankenwolken... Manchmal hat man das Gefühl, ganz leicht zu sein, leicht, ganz locker und dabei vollkommen geborgen...*

*Und so entspannt kannst du mit deiner Fantasie auf eine Reise gehen ... Du kannst dir ganz leicht vorstellen, in einem wunderschönen Garten zu sein ... an einem himmlischen Tag, ... im Garten deiner Seele, ein Garten voller Leben ... Und stelle dir bitte weiter vor, dass du durch deinen Garten gehst und wie sich die Erde unter deinen Füßen anfühlt, ... wie du gewahr wirst, dass diese Erde dich trägt ... Du fühlst die angenehme Wärme der Sonne auf deiner Haut, ... das Streichen des Windes, hörst den Gesang der Vögel. Dieser Garten ist groß ... Es gibt dort eine Wiese ... Es gibt dort Beete und Sträucher, verschiedene Arten ... Und dieser Garten ist einzigartig ... Diesen Garten gibt es seit Beginn deines Lebens und diesen Garten wird es immer geben...*

*Jeder Gedanke ist ein Samenkorn ... Hierin sind die große Idee und der genaue Bauplan enthalten ... Alles, was in diesem Garten wachsen soll, bestimmst du ... Und du kannst diesen Garten zu einem Paradiesgarten werden lassen ... Wichtig ist nur, dieses Samenkorn vollkommen bewusst in die Erde zu legen ... Du wirst erstaunt sein und dich darüber freuen, ... dass du dein Ziel bereits erreicht hast und das Samenkorn alles für sich Notwendige in sich trägt.*

*Du kannst bereits sehen, wie dein Garten sich immer besser entwickelt, ...wenn du einmal den Samen gelegt hast, ... wie alles blühen und wachsen kann ... Die Sonne wird dort scheinen, es wird zur richtigen Zeit regnen ... Jedes Ziel braucht seine Zeit.*

*Der Garten liebt die Sonne und den Regen, den Wind, ... den Tag und die Nacht ... Er liebt den Frühling ... und den*

*Sommer, den Herbst und den Winter. Denn der Garten fühlt, dass diese alle zu seinem Besten sind und dass er sich nur dann entwickeln kann, wenn er geschehen lässt, vertraut und alles annimmt, was ist ... Lass vor deinem geistigen Auge noch einmal dein Ziel entstehen ... Und spüre innen, dass dies alles sehr wichtig für den Garten ist ... Erlebe die gute Energie ... Genieße es in all seinen Teilen ... und tief innen kannst du dich über all das freuen. Mit jeder Faser deines Körpers, mit jeder Faser deines Bewusstseins kannst du dich freuen über deinen Garten, über das Erreichen deiner Ziele, über dein Leben ...* (Pause, circa zwei Minuten leichte, beschwingte Musik)

*Während du gleich allmählich erwachst, in deinem eigenen Rhythmus, wirst du schrittweise immer stärker das Gefühl des Wohlbefindens und Behagens steigern, mit jedem Einatmen mehr und mehr ... Und wenn du wach bist, fühlst du dich sehr wohl, ausgeruht und ganz klar. Mit jedem Einatmen atmest du etwas mehr ein, als du eigentlich brauchst. Du wirst wacher und wacher. Und du kannst dich bewegen, wann immer du es magst, und ganz wach sein. Im Hier und Jetzt.«*

*Was auch immer du entscheidest zu tun,*
*sorge dafür, dass es dich glücklich macht.*
Quelle unbekannt

## **Heilung** (auf der CD zum Buch)

Lesen Sie diese Meditation wie bisher auch mit ruhiger Stimme vor. Der Meditierende liegt auf dem Rücken, hat die Augen geschlossen und konzentriert sich gänzlich auf das, was Sie sagen. Oder sprechen Sie sich diese Meditation auf Band – dann natürlich in der Ich-Form. Es empfiehlt sich, während dieser Meditation ruhige Musik im Hintergrund spielen zu lassen. Der Raum sollte etwas abgedunkelt sein und Sie sollten unbedingt sicherstellen, dass Sie nicht gestört werden.

*»Du liegst ganz entspannt und spürst deinen Atem, wie er in dich einströmt, wieder ausströmt und dich in den nächsten Minuten mehr und mehr entspannt.*

*Atme noch einige Male etwas tiefer ein und aus und konzentriere dich vollkommen auf deinen Atem ...*

*Lasse jetzt deinen Atem allmählich zur Ruhe kommen und fühle tief innen, wie du mehr und mehr entspannst ...*

*Stelle dir vor, du atmest mit jedem Einatmen Ruhe und Gelassenheit ein und mit jedem Ausatmen lässt du los ...*

*Dein Atem ist es, der dich am Leben hält, und meist atmest du unbewusst, wie auch all deine anderen lebenswichtigen Funktionen unbewusst verlaufen ...*

*Begleite deinen Atem, wie er in dich einströmt, tief in deinen Bauch, wie er eine kleine Pause macht, bevor er wieder ausströmt. In dieser kleinen Pause erlebst du einen Moment vollkommener Ruhe ...*

*Bei jedem Ausatmen lässt du wieder ein wenig los ... Dein Körper entspannt auf eine sehr angenehme Art und Weise – mit jedem neuen Atemzug mehr und mehr ... Vielleicht hast du das Gefühl, dein Körper wird weicher ... oder leichter ...*

*Alle Muskeln entspannen sich. Dies ist ein sehr angenehmes Gefühl ...*

*Aber nicht nur deine Muskeln können sich entspannen, auch deine Zellen entspannen sich, jede deiner Millionen Zellen kann sich entspannen ...*

*Du gleitest allmählich tiefer in diesen wundervollen, entspannten Zustand vollkommenen Wohlbefindens ... Dein Atem geht ganz von selbst, du beobachtest ihn nur ... Dein Körper ist entspannt ... Dein Geist ist entspannt ...*

*Stelle dir nun bitte Folgendes vor: ... Über deinem Kopf, etwa einen Meter über dir, schwebt eine Kugel aus goldenem Licht ... Dieses Licht strömt jetzt in deinen Körper ein, mit jedem Einatmen strömt goldenes Licht in dich ein ...*

*Dieses Licht begleitet deinen Atem durch deinen Kopf, durch deinen Hals hinunter in deinen Körper ...*

*Mit jedem Atemzug strömt neues, angenehm warmes Licht in dich ein ... Dieses Licht entspannt und heilt ... Dieses Licht strömt in deine Lungen ... und deine Lungen füllen sich mit diesem angenehmen Licht aus der Kugel oberhalb deines Kopfes ... Du kannst sehen, wie das Licht deine Lungen erfüllt, ...warmes, goldenes Licht ... Genieße einen Moment dieses Gefühl, wie das Licht durch deine Lungen strömt ... Und nun strömt das Licht in dein Herz, bis dein ganzes Herz erfüllt ist mit warmem, goldenem Licht ... Dein Herz schlägt ruhig und gleichmäßig ...*

*Das Licht fließt nun in deinen Magen ... Warmes, goldenes Licht erfüllt deinen Magen, mit jedem Atemzug mehr ... Deine Magenwände werden ausgekleidet mit diesem warmen Licht aus der Kugel oberhalb deines Kopfes ... Dein Magen entspannt sich, das Licht der Gesundheit erfüllt nun deinen Magen und fließt weiter durch deinen Dünndarm, füllt den Dünndarm ... und fließt weiter in deinen Dickdarm ... Mit jedem Atemzug strömt mehr Licht in deinen Körper ... Das Licht strömt angenehm warm in deine Leber, deine Nieren ... Das Licht erfüllt mehr und mehr deinen gesamten Körper, deinen gesamten Bauchraum, dein Becken ...*

*Alle Organe entspannen sich ... Alle Muskeln entspannen sich noch mehr und mehr ... Dein Körper ist ruhig, entspannt und angenehm warm ... Das goldene Licht heilt deinen Körper, deinen Geist und deine Seele ...*

*Du gehst in Gedanken zu deinen Organen, siehst sie erfüllt mit diesem goldenen Licht und bedankst dich für die Arbeit, die sie für dich leisten ... Tag für Tag ... Stunde für Stunde ... Minute für Minute ... Nimm dir dafür etwas Zeit ...*

*Dein Körper ist dein Tempel, ... ein heiliger Ort ...*

*Und wenn du deine Zeit dort verweilt hast, ... in Dankbarkeit, ... kannst du allmählich zurückkehren ... in das Wachbewusstsein, ... hierher ... an diesen Ort ...*

*Und mit jedem Einatmen atmest du bitte etwas tiefer ein, als du es eigentlich brauchst ... Und mit jedem Einatmen wirst du wacher, ... klarer ...*

*Dein Körper wird wieder leicht, ... beweglich, ... mit jedem Einatmen mehr ... und dann kannst du dich recken und strecken, ... die Augen öffnen ... und wieder ganz hier sein – im Hier und Jetzt.*«

## Ein Ritual

Es gibt in der hawaiianischen Huna-Tradition eine äußerst wirksame Übung. Sie nennt sich Ho'oponopono und geht folgendermaßen:

Stellen Sie sich vor, Sie stehen auf einer Zuschauertribüne und blicken schräg hinunter auf eine Bühne. Dort erscheinen der Reihe nach Menschen, die in Ihrem Leben eine Rolle gespielt haben: Vater, Mutter, Großeltern, Tanten, Onkel, Lebenspartner, Kinder, Freunde, Chefs, Angestellte und so weiter. Jeder wird einzeln gefragt: »Bist du bereit, meine Entwicklung uneingeschränkt zu unterstützen?« Wenn er Ja sagt, darf er gehen. Wenn er Nein sagt oder nicht weiß, wovon Sie sprechen, muss er bleiben, bis er verstanden hat, was Sie ihm erklären. Am Schluss werden alle Personen auf der Bühne mit Licht gefüllt und die zum Teil sogar sichtbaren Verbindungen gekappt, bis die Bühne vollständig leer ist.

Wenn dies geschehen ist, kann sich die Person auf der Zuschauertribüne auf ihr eigenes Leben konzentrieren und dieses frei vom Leid oder belastenden Verbindung mit anderen leben.

# Geschichten & Weisheiten

Die folgenden Geschichten, Fabeln und Weisheiten sind mehrdeutig. Es bleibt Ihnen überlassen, welche Botschaft Sie für sich jeweils entnehmen, welche Weisheit Sie daraus für sich erkennen und was Sie dabei empfinden. Sie werden überrascht sein – je nach Lebenslage spricht Sie eine andere Geschichte, Metapher oder Weisheit an.

## Der Wettkampf der Frösche

Es gab einmal einen Wettkampf der Frösche. Ziel war es, auf den höchsten Punkt eines großen Turms zu gelangen, der auf einer Waldlichtung stand. Es versammelten sich viele Tiere, um bei diesem Spektakel zuzuschauen. In Wirklichkeit glaubte niemand daran, dass auch nur ein Frosch auf die Spitze des Turmes gelangen könne, weil ja alle wussten, dass Frösche nicht klettern können.

Was man aus dem Publikum hörte, waren Sätze wie: »Die Armen! Sie werden es nie schaffen!« … »Sie sind verrückt!« … »Schuster bleib bei deinen Leisten!« … »Lasst die Affen mal ran!«, und Schlimmeres.

Einige Frösche traten daraufhin gar nicht erst an, andere gaben schon bald auf. Nur wenige kletterten tapfer und verbissen der Spitze des Turmes entgegen.

Zuschauer riefen: »Ihr werdet euch sämtliche Knochen brechen!«

Bis auf einen Dickschädel, der sich nicht ein einziges Mal umgeschaut hatte, gaben sich nach und nach alle geschlagen. Dieser eine Frosch aber erreichte unter großer Anstrengung die Spitze des Turmes. Der Applaus war mäßig.

Es wurden sogar Stimmen laut, die behaupteten, dass er irgendein verbotenes Mittel eingenommen habe oder dass es sich bei ihm wahrscheinlich um ein Eichhörnchen in einem Froschkostüm handele.

Einige aber wollten später dennoch von ihm wissen, wie er das geschafft hatte.

Der Reporter der Wald- und Wiesenzeitung trat zu ihm, um zu fragen, wie ihm das Unmögliche gelungen sei, diesen Wettkampf zu gewinnen. Als der Sieger auf keine Frage antwortete, sondern immer nur lächelte, merkten sie ... dass er taub war!

## Die sieben Zwerge

Es waren einmal sieben Zwerge, die lebten hinter den sieben Bergen. Tag für Tag suchten sie im Bergwerk nach Gold. Jeder der Zwerge war rechtschaffen, fleißig und achtete den anderen. Wurde einer von ihnen müde, so ruhte er sich aus, ohne dass die anderen ihm zürnten. Mangelte es einem von ihnen an etwas, so gaben die anderen bereitwillig und gerne. Abends, wenn das Tagewerk geschafft war, aßen sie einträchtig ihr Brot und gingen zu Bett. Am siebten Tage jedoch ruhten sie.

Eines Tages meinte einer von ihnen, dass sie so recht nicht wüssten, wie viel denn geschafft sei, und begann, die Goldklumpen zu zählen, die sie Tag für Tag aus dem Bergwerk schleppten. Und weil er so mit Zählen beschäftigt war, schufteten die anderen für ihn mit.

Bald nahm ihn seine neue Arbeit derart in Anspruch, dass er nur noch zählte und die Hacke für immer beiseite legte. Nach einer Zeit hob ein Murren an unter den Freunden, die mit Argwohn auf das Treiben des Siebten schauten. Dieser erschrak und verteidigte sich, das Zählen sei unerlässlich, so sie denn wissen wollten, welche Leistung sie vollbracht hätten. Er begann, den anderen in allen Einzelheiten davon zu erzählen, und weil er nicht erzählen konnte, während die anderen hackten und hämmerten, legten sie alle ihre Schaufeln beiseite und saßen am Tisch zusammen. So entstand das erste Meeting. Die anderen Zwerge sahen das feine Papier und die Symbole, aber schüttelten die Köpfe, weil sie diese nicht verstanden.

Es dauerte nicht lange und der Controller (denn so nannte er sich fortan) forderte die Zwerge auf, die da tagein und tagaus schufteten, sie sollten ihm ihre Arbeit beweisen, indem sie ihm Zeugnis auf Papier ablegten über die Menge Goldes, die sie mit den Loren aus dem Berg geholt hatten. Und weil er nicht verstehen konnte, warum die Menge schwankte, so berief er einen unter ihnen, die anderen zu führen, damit der Lohn recht gleichmäßig ausfiele. Der Führer nannte sich ›Manager‹ und legte seine Schaufel nieder. Nach kurzer Zeit arbeiteten also nur noch fünf von ihnen, allerdings mit der Auflage, die Arbeit aller sieben zu erbringen. Die Stimmung unter den Zwergen sank, aber was sollten sie tun?

Als der Manager von ihrem Wehklagen hörte, dachte er lange und angestrengt nach und erfand die Teamarbeit. So sollte jeder von ihnen gemäß seiner Talente nur einen bestimmten Teil der Arbeit erledigen und sich spezialisieren. Aber ach, das Tagewerk wurde nicht leichter und wurde einer von ihnen krank, so wussten die anderen weder ein noch aus, da sie die Arbeit ihres Nächsten nicht kannten. So entstand der ›Taylorismus‹.

Als der Manager sah, dass es schlecht bestellt war um seine Kollegen, ernannte er einen von ihnen zum Gruppenführer, damit er die anderen ermutigte. So musste der Manager nicht mehr sein warmes Kaminfeuer verlassen. Leider legte auch der Gruppenführer, der nunmehr den Takt angab, die Schaufel nieder und traf sich mit dem Manager öfter und öfter zu Meetings. So arbeiteten nur noch vier.

Die Stimmung sank und damit alsbald die Fördermenge des Goldes. Als die Zwerge wütend an seine Bürotür traten, versprach der Manager Abhilfe und organisierte eine kleine Fahrt mit dem Karren, auf dass sich die Zwerge zerstreuten. Damit aber die Menge Goldes nicht nachließ, fand die Fahrt am Wochenende statt. Und damit die Fahrt als Geschäftsreise abgesetzt werden konnte, hielt der Manager einen langen Vortrag, den er in fremdartige Worte kleidete, die er von einem anderen Manager gehört hatte, der wiederum andere Zwerge in einer anderen Mine befehligte. So wurden die ersten Anglizismen verwendet.

Eines Tages kam es zum offenen Streit. Die Zwerge warfen ihre kleinen Schaufeln hin, stampften mit ihren kleinen Füßen und ballten ihre kleinen Fäuste. Der Manager erschrak und versprach den Zwergen, neue Kollegen anzuwerben, die ihnen helfen sollten. Der Manager nannte das ›Outsourcing‹. Also kamen neue Zwerge, die fremd waren und nicht recht in die kleine Gemeinde passten. Und weil sie anders waren, musste auch für diese ein neuer Führer her, der an den Manager berichtete. So arbeiteten nur noch drei von ihnen. Da jeder von ihnen auf eine andere Art andere

Arbeit erledigte und weil zwei verschiedene Gruppen von Arbeitern zwei verschiedene Abteilungen nötig werden ließen, die sich untereinander nichts mehr schenkten, begann – unter den strengen Augen des Controllers – bald ein reger Handel unter ihnen. So wurden die ›Kostenstellen‹ geboren. Jeder sah voller Misstrauen auf die Leistungen des anderen und hielt fest, was er besaß.

Es war ein Knurren unter ihnen, das stärker und stärker wurde. Die beiden Zwerge, die noch arbeiteten, erbrachten ihr Tagewerk mehr schlecht als recht. Als sich die Manager und der Controller ratlos zeigten, beauftragten sie schließlich einen Unternehmensberater. Dieser lief ohne die geringste Ahnung über die Mine oder Zwerge hochnäsig durch das Bergwerk und erklärte den verdutzten Managern, die Gründe für die schlechte Leistung seien darin zu suchen, dass die letzten beiden im Bergwerk verbliebenen Zwerge ihre Schaufeln falsch hielten. Dann kassierte er eine ganze Lore Gold und verschwand so schnell, wie er erschienen war.

Währenddessen stellte der Controller fest, dass die externen Mitarbeiter mehr Kosten verursachten als Gewinn erbrachten und überdies die Auslastung der internen Zwerge senkte. Schließlich entließ er sie. Der Führer, der die externen Mitarbeiter geführt hatte, wurde zweiter Controller. So arbeitete ein letzter Zwerg in den Minen. Dieser lernte in seiner kargen Freizeit, die nur noch aus mühsam errungenen und abgebummelten Überstunden bestand, Schneewittchen kennen. Die Firma ging pleite, die Manager, Gruppenführer und Controller aber fanden sich gegenseitig mit großzügigen Summen ab und tauchten im Ausland unter, um der Anklage wegen Veruntreuung zu entgehen. Und wenn sie nicht gestorben sind, dann leben sie überall noch heute.

## Der richtige Ton

Ein sehr berühmter Jazzmusiker war auf einer Afrikareise, um sich neu inspirieren zu lassen.

Irgendwann sah er in einem Dorf einen Eingeborenen vor einer Hütte sitzen, der auf einem Ein-Saiten-Instrument spielte. Er ging näher und hörte, dass der Mann immer den gleichen Ton spielte. Ganz begeistert packte der Jazzmusiker sein Saxophon aus und begann zu diesem Ton zu improvisieren. Nach einer kleinen Weile setzte er sein Instrument ab und sagte zu dem Mann: »Das ist so fantastisch, lass uns zusammen auf eine große Tournee gehen, wir werden viel Erfolg haben.«

»Warum? Ich habe meinen Ton gefunden!«, war die Antwort.

## Der Indianer am See

Ein Manager machte Urlaub an einem See. Dort traf er auf einen Indianer, der angelte.

»Wenn du zwei Angeln nehmen würdest, könntest du die doppelte Menge fangen«, sagte der Urlauber.

»Warum sollte ich das tun?«, fragte der Indianer zurück.

»Du würdest mehr verdienen und könntest jemanden einstellen, der dir beim Fischen hilft.«

»Warum?«

»Du könntest dir irgendwann ein Boot leisten, noch mehr verdienen und vielleicht eine Fischfabrik eröffnen.«

»Warum?«

»Dann könntest du dir hin und wieder erlauben, in Urlaub zu fahren.«

»Aber das mache ich doch schon.«

## Die neun Kühe

Es waren einmal zwei Freunde, die sich einen Traum erfüllen wollten, nämlich mit einer kleinen Segelyacht die Erde zu umsegeln. Sie starteten guten Mutes. Alles lief sehr gut. Von Zeit zu Zeit liefen sie einen Hafen oder kleinere Inseln an, um Wasser und Lebensmittel aufzunehmen.

Als sie bereits viele Wochen unterwegs waren, kamen sie zu einem Eingeborenenstamm. Der Empfang und die Gastfreundlichkeit waren so großartig, dass die beiden entschieden, ein paar Tage Pause einzulegen und etwas zu verweilen.

Einer der beiden Freunde wurde auf eine Frau aufmerksam, von der er seine Augen kaum wieder abwenden konnte. Schnell zeigte sich, dass die Sympathie beidseitig war. Der Mann hatte nur noch die Frau im Kopf und schwärmte seinem Freund vor, wie attraktiv und strahlend sie sei und dass er nie eine schönere Frau gesehen habe – er war völlig verrückt vor Liebe. Sein Freund versuchte, ihn auch auf andere, noch schönere und strahlendere Frauen aufmerksam zu machen, aber nichts funktionierte.

Schließlich beschloss der Verliebte, dieser Frau einen Heiratsantrag zu machen. Nun war es bei dem Eingeborenenstamm üblich, den Häuptling um die Hand einer Frau aus dem Stamm zu bitten und den Brautpreis festzulegen. Je nach den Qualitäten der Frau (Aussehen, Kochkünste, Wissen im Bereich Heilung, Fähigkeiten bei der

Jagd, gebärfreudiges Becken etc.) bewegte sich der Brautpreis zwischen einer Kuh für eine Frau mit wenig Qualitäten und neun Kühen für eine Frau mit maximalen Qualitäten – der perfekten Frau schlechthin. Nie zuvor hatte es in der Stammesgeschichte diesen Brautpreis für eine Frau gegeben und obwohl auch noch nie ein Fremder in den Stamm eingeheiratet hatte, willigte der Häuptling in die Hochzeit ein. Er legte den Brautpreis auf drei Kühe fest. Da sagte der Bräutigam: »Was? Nur drei Kühe? Schau dir diese Frau doch an! Sie ist auf jeden Fall neun Kühe wert. Ich zahle neun Kühe!«

Das irritierte den Häuptling sehr und er erklärte, weshalb die Frau nur drei Kühe wert sei. »Sie gehört nicht zu den schönsten im Dorf. Ihr Jagdgeschick lässt sehr zu wünschen übrig und sie kann weder gut kochen noch ist sie sehr ordentlich.«

Der Werber blieb stur und sagte: »Ich zahle neun Kühe!«

Angesichts dessen, dass der Häuptling noch nie mit einer derartigen Situation konfrontiert gewesen war, berief er den Ältestenrat ein. Nach langen Diskussionen beschloss dieser, dass der Mann die neun Kühe bezahlen dürfe. Die Hochzeit war ein rauschendes Fest; am Tag danach segelte der Freund weiter, mit dem Versprechen, nach ein paar Jahren wieder zu Besuch zu kommen.

Wie versprochen legte fünf Jahre später eine Yacht am Steg des kleinen Dorfes an. Der Mann, der von Bord ging, war sehr aufgeregt, seinen Freund wiederzutreffen. Gleich die erste Frau, die er sah, war eine unglaublich attraktive Frau mit einem kleinen Kind auf dem Arm. So strahlend und schön, viel attraktiver als jede andere Frau, die er je zuvor gesehen hatte. Vor lauter Ehrfurcht traute er sich nicht, sie anzusprechen.

Er fand seinen Freund, der ihn unter Jubel willkommen hieß und ihm ein köstliches Essen vorsetzte. So gut hatte der Weltreisende noch nie gegessen. Das Fleisch war zart, der Geschmack köstlich. Die Hütte war wohnlich eingerichtet, sehr stilvoll und versprühte eine heimelige Atmosphäre. Nun erzählte der Freund, seine Frau sei die Königin der Jägerinnen und gebäre bald sein zweites Kind. »Du hast sie ja schon gesehen«, sagte er, »unten am Steg.«

»Das war nicht deine Frau«, entgegnete der Segler. »Die Frau dort unten war die schönste Frau, die ich jemals gesehen habe.« Und während er das sagte, kam sie zur Hütte herein. Voller Staunen erkannte er sie als die Ehefrau seines Freundes. »Was um alles in der Welt ist der Grund, dass du dich so radikal verändert hast?«, fragte er.

Sie lächelte ihr liebreizendes Lächeln und antwortete: »Mein Mann hat neun Kühe für mich bezahlt und behandelte mich jeden Tag unseres gemeinsamen Lebens so großartig, wie es nur eine Neun-Kuh-Frau verdient. Also konnte ich gar nicht anders, als mich in eine Neun-Kuh-Frau zu verwandeln – genau in die Frau, die er schon immer in mir gesehen hatte.«

## Indianische Weisheit

Es interessiert mich nicht, womit du deinen Lebensunterhalt verdienst. Ich möchte wissen, wonach du innerlich schreist und ob du zu träumen wagst, der Sehnsucht deines Herzens zu begegnen.

Es interessiert mich nicht, wie alt du bist. Ich will wissen, ob du es riskierst, wie ein Narr auszusehen, um deiner Liebe willen, um deiner Träume willen und für das Abenteuer des Lebendigseins.

Es interessiert mich nicht, welche Planeten im Quadrat zu deinem Mond stehen. Ich will wissen, ob du den tiefsten Punkt deines eigenen Leids berührt hast, ob du geöffnet worden bist von all dem Verrat oder ob du verschlossen bist aus Angst vor weiterer Qual. Ich will wissen, ob du mit dem Schmerz – meinem oder deinem – dasitzen kannst, ohne zu versuchen, ihn zu verbergen oder zu mindern oder ihn zu beseitigen. Ich will wissen, ob du mit der Freude – meiner oder deiner – da sein kannst, ob du mit Wildheit tanzen und dich von der Ekstase erfüllen lassen kannst, von den Fingerspitzen bis zu den Zehenspitzen, ohne uns zur Vorsicht zu ermahnen, zur Vernunft oder die Grenzen des Menschseins zu bedenken.

Es interessiert mich nicht, ob die Geschichte, die du erzählst, wahr ist. Ich will wissen, ob du jemanden enttäuschen kannst, um dir selbst treu zu sein. Ob du den Vorwurf des Verrats ertragen kannst und nicht deine eigene Seele verrätst. Ich will wissen, ob du vertrauensvoll sein kannst und von daher vertrauenswürdig. Ich will wissen, ob du Schönheit sehen kannst, auch wenn es nicht jeden Tag schön ist, und ob du dein Leben aus Gottes Gegenwart speisen kannst. Ich will wissen, ob du mit dem Scheitern – meinem und deinem – leben kannst und trotz allem am Rande des Sees stehen bleibst und zu dem Silber des Vollmondes rufst: »Ja!«

Es interessiert mich nicht zu erfahren, wo du lebst und wie viel Geld du hast. Ich will wissen, ob du aufstehen kannst nach einer Nacht der Trauer und der Verzweiflung, erschöpft und bis auf die Knochen zerschlagen, und tust, was für deine Kinder getan werden muss.

Es interessiert mich nicht, wer du bist und wie du hergekommen bist. Ich will wissen, ob du mit mir in der Mitte des Feuers stehen wirst und nicht zurückschreckst. Es interessiert mich nicht, wo oder was oder mit wem du gelernt hast. Ich will wissen, was dich von innen hält, wenn sonst alles wegfällt. Ich will wissen, ob du allein sein kannst und in den leeren Momenten wirklich gerne mit dir zusammen bist.

Oriah Mountain Dreamer

## Der Coach des Königs

Ein König hatte einen Berater. Dieser konnte allen Dingen, die geschahen, immer auch etwas Positives abgewinnen, was dem König manchmal gewaltig auf die Nerven ging.

Eines Tages machten die beiden mit einigen Dienern einen Ausflug auf eine unbekannte Insel. Als sie am Strand Appetit bekamen, wollte der König eine Kokosnuss essen. Er nahm seine Machete, um die Kokosnuss zu öffnen. Dabei entglitt ihm die Klinge und er schnitt sich seinen kleinen Zeh ab. Der König schrie vor Schmerz und jammerte und wehklagte lautstark. Da sagte sein Berater: »Majestät, es ist zwar schlimm und es tut sicherlich auch weh, aber es wird bestimmt für irgendetwas gut sein.«

Das reichte dem König, diesmal war es ihm zu viel. Wütend befahl er seinen Dienern, den Berater in ein tiefes Loch zu werfen, aus dem er alleine nicht mehr herauskommen würde.

Auf dem Rückweg wurde der König auf der Insel von wilden Eingeborenen gefangen genommen und in deren Dorf verschleppt. Bald darauf fand er sich auf einer Art Altar gebunden wieder und das ganze Volk tanzte um ihn herum. Der Medizinmann kam aus seiner Hütte, trat in seinem prächtigen Federschmuck zu ihm und erklärte: »Jedes Jahr opfern wir unserem Gott einen Gefangenen, damit er uns auch im nächsten Jahr gnädig gestimmt ist.« Dabei begann er, laut singend, um den Altar zu tanzen. An den Füßen des Königs angekommen, stutzte der Medizinmann, schaute noch einmal genauer hin und rief seinen Leuten zu: »Bindet diesen Mann los und lasst ihn laufen, er ist nicht vollkommen, denn es fehlt ihm ein Zeh. Unser Gott aber hat vollkommene Opfer verdient.«

Sofort eilte der König – so gut es ihm mit seinem verletzten Fuß möglich war – zu dem Loch, in dem der Berater immer noch saß. Er befahl seinen Dienern, den Mann unverzüglich aus dem Loch zu befreien.

»Entschuldige bitte, dass ich dir das angetan habe«, sagte er, »aber jetzt habe ich eingesehen, dass du wieder einmal recht hattest.« Dann erzählte er ihm die ganze Geschichte.

»Das ist schon in Ordnung«, erwiderte der Berater lachend, »ich dachte mir bereits, dass es für irgendetwas gut sein würde, als Ihr mich in das Loch werfen ließet.«

»Was?«, rief der König. »Wozu soll das denn schon wieder gut gewesen sein?«

Auf den erstaunten und fragenden Blick des Königs erwiderte der Berater schmunzelnd: »Stellt Euch vor, Majestät, die Wilden hätten mich gefangen.«

Es wird auch erzählt, dass es dieser Berater bis zu seinem seligen Ende ausgesprochen gut hatte am Königshof.

## Die zwei Frösche

Zwei Frösche hatten sich eines Nachts auf den Weg gemacht, um ihre nähere oder entferntere Umgebung zu erkunden und um neue und interessante Dinge zu lernen. Sie genossen die kühle Nachtluft an ihren glatten Körpern. Wenn sie hüpften, hörte man das Platschen ihrer Füße. Der Mond beleuchtete ihren schmalen Pfad.

Unerwartet befanden sich die beiden Frösche vor einer Tür, die einladend offen stand. Neugierig hüpften sie in einen kühlen Raum, auf dessen gekacheltem Boden mehrere Tonkrüge standen.

Ohne lange nachzudenken, sprang ein Frosch – nennen wir ihn Pitsch – auf einen der Krüge. Viel zu spät bemerkte er, dass der Krug keinen Deckel hatte, und landete in einer weißen sahnigen Flüssigkeit. Patsch, der andere Frosch, hörte das Platschen, und da Frösche ein gutes Herz haben, sprang er sofort nach, um zu helfen. Manchmal ist es so, dass das Gefühl stärker ist als der Verstand.

Bekanntlich können Frösche gut schwimmen, obwohl sie nicht wissen, dass dies eine besondere Fähigkeit ist. Aber so ist es mit allen Lebewesen. Sie haben besondere Fähigkeiten, ob ihnen das bewusst ist oder nicht.

Zuerst machte ihnen das Schwimmen Spaß. Sie schleckten von der süßen Sahne und blickten nach oben, wo das Mondlicht zum Träumen verführte. Bald aber wurden sie müde. »Ich kann nicht mehr«, keuchte Pitsch. »Hier kommen wir nie heraus. Es hat keinen Sinn.«

Patsch schwamm an seine Seite und sagte: »Du hast recht, es sieht schwierig aus. Die Wände sind hoch und glatt. Aber denk mal, wie schön das Leben in unserem Froschteich ist, wenn wir alle zusammen sind, wenn wir gemeinsam singen und uns freuen, dass wir leben.«

Pitsch schöpfte Hoffnung. »Ich will auch leben«, sagte er. »Wie sollen wir aber rauskommen? Ich kann denken, soviel ich will, ich sehe überhaupt keine Lösung.«

»Ich hatte mal einen Traum«, erinnerte sich nun Patsch. »Vor Millionen von Jahren waren unsere Vorfahren noch größer als wir und sie konnten noch nicht so gut denken. Aber sie haben trotzdem überlebt, auch wenn es damals sehr gefährlich war und nicht sehr angenehm auf der Welt. So ungefähr wie jetzt bei uns im Krug. Und weißt du, was unser Urahn mir im Traum gesagt hat? Für jedes Problem gibt es eine Lösung. Tief in uns kennen wir sie. Es findet sich immer ein Weg, wenn man nicht aufgibt. Kommt Zeit, kommt Rat!« Die Frösche strampelten weiter.

Als nach einiger Zeit Patsch die Kraft ausging, redete Pitsch ihm gut zu: »Wozu haben wir uns so lange abgemüht, wenn du jetzt aufhören willst? Weiß du noch, wie der Storch uns damals auflauerte und du ihn immer wieder geschickt und mutig von der Familie weggelockt hast?«

So sprachen sie sich gegenseitig Mut zu und die Erinnerung an vergangene Zeiten, in denen es ihnen oft gelungen war, auch in ausweglos erscheinenden Lagen zu überleben. Das gab ihnen neue Energie. Endlich graute der Morgen. Und als die ersten Sonnenstrahlen durch das Fenster lugten, spürten die beiden Frösche plötzlich etwas Festes unter ihren Füßen. Sie saßen auf einem großen Klumpen Butter, den sie selbst, ohne sich dessen bewusst zu sein, mit ihren Füßen geschaffen hatten. Sie waren glücklich, dass sie lebten und dankbar für die Erfahrung dieser Nacht, die ihr zukünftiges Leben prägen sollte.

## Der Steinmetz

Ein Steinmetz saß am Fuße eines mächtigen Berges und bearbeitete in der Hitze der Mittagssonne einen Felsen.

Es war sehr anstrengend. Er schaute nach oben und sprach: »Lieber Gott, was bin ich für ein armer Mann! Könnte ich doch die Sonne sein, die auf alles scheint, dann ginge es mir immer gut.«

Kaum hatte er diesen Wunsch ausgesprochen, so wurde er die Sonne. Nun stand er hoch oben am Himmel, schien auf alles herab und freute sich. Plötzlich kamen Wolken auf und versperrten ihm die Sicht auf die Erde.

»Lieber Gott«, sagte er, »was nutzt es mir, die Sonne zu sein, wenn die Wolken mächtiger sind? Könnte ich doch die Wolken sein!«

Es dauerte nicht lange und er war die Wolken. Gemächlich zog er über die Erde. Ein Sturm kam auf und trieb die Wolken auseinander.

»Lieber Gott, wenn der Sturm mächtiger ist, so möchte ich lieber der Wind sein, der über die Erde weht«, sagte er. Daraufhin wurde er Wind, wehte über die Erde und freute sich an seiner Kraft.

Plötzlich wurde er von einem hohen, mächtigen Berg aufgehalten, an dem der Wind sich brach.

»Lieber Gott«, forderte er, »so stark möchte ich sein, dass ich sogar den Wind aufhalten kann, und so mächtig!«

Er wurde zu dem hohen Berg und stand majestätisch da. Auf einmal bemerkte er, wie unten an seinem Fuße jemand saß und hämmerte.

## Die zwei Spatzen

In einem kleinen Dorf lebte ein alter, weiser Mann, der sehr angesehen war. Aus der ganzen Welt kamen die Menschen zu ihm, um seinen Rat einzuholen. Nun lebten in diesem Ort auch zwei Lausbuben, die eines Tages beschlossen, diesen Weisen auf die Probe zu stellen.

Der eine sagte: »Lass uns zwei Spatzen fangen. Die nehmen wir in die Hand, halten sie hinter unserem Rücken und fragen den Alten, ob die Spatzen tot oder lebendig sind. Wenn er sagt ›lebendig‹, dann töten wir sie, wenn er sagt ›tot‹, dann lassen wir sie leben.«

Gesagt, getan. Sie gingen zu dem Weisen, stellten sich vor ihn hin und sagten: »Alter Mann, wir haben hier in unseren Händen zwei Spatzen. Sind sie tot oder lebendig?«

Darauf antwortete der Weise: »Tot oder lebendig, es liegt in eurer Hand.«

## Die Weisheit der Götter

Vor langer Zeit überlegten die Götter, dass es sehr schlecht wäre, wenn die Menschen die Weisheit des Universums finden würden, bevor sie tatsächlich reif genug dafür wären. Also entschieden die Götter, die Weisheit des Universums so lange an einem Ort zu verstecken, wo die Menschen sie so lange nicht finden könnten, bis sie reif genug sein würden.

Einer der Götter schlug vor, die Weisheit auf dem höchsten Berg der Erde zu verstecken. Aber schnell erkannten die Götter, dass der Mensch bald alle Berge erklimmen würde und die Weisheit dort nicht sicher genug versteckt wäre. Ein anderer schlug vor, die Weisheit an der tiefsten Stelle im Meer zu verstecken. Aber auch dort sahen die

Götter die Gefahr, dass die Menschen die Weisheit zu früh finden könnten. Dann äußerte der weiseste aller Götter seinen Vorschlag:

»Ich weiß, was zu tun ist. Lasst uns die Weisheit des Universums im Menschen selbst verstecken. Er wird dort erst dann danach suchen, wenn er reif genug ist, denn er muss dazu den Weg in sein Inneres gehen.«

Die anderen Götter waren von diesem Vorschlag begeistert. So versteckten sie die Weisheit des Universums im Menschen selbst.

## Brief eines Vaters

Zum Abschluss folgt nun ein Text aus dem Internet, den ich Ihnen nicht vorenthalten möchte. Es ist ein Brief eines sicherlich erwachten Vaters an seine Tochter.

Meine Süße,
neulich haben deine Mutter und ich nach einer Frage gegoogelt. Nachdem wir die Frage zur Hälfte eingetippt hatten, gab uns Google eine Liste mit den beliebtesten Suchanfragen zurück. Ganz oben auf der Liste stand: ›Wie bleibe ich für ihn interessant?‹

Das fand ich seltsam. Es gab unzählige Artikel darüber, wie man sexy und sinnlich ist, wann man ihm ein Bier oder ein Sandwich bringen sollte und wie man ihn spüren lässt, dass er besonders klug und überlegen ist. Ich überflog diese Artikel und fing an, mich zu ärgern.

Meine Kleine, es ist nicht, es war nie und es wird nie deine Aufgabe sein, ›für ihn interessant zu bleiben‹.

Liebes, deine einzige Aufgabe ist es, tief in deiner Seele zu wissen – an diesem unerschütterlichen Ort, wo dich keine Ablehnung, kein Verlust und kein Ego verunsichern kann, dass du jedes Interesse wert bist. (Und wenn du erkennst, dass alle anderen Personen auch dein Interesse verdienen, dann bist du auf dem richtigen Weg.)

Wenn du dieses Vertrauen in dich selbst hast, dann wirst du anziehend sein im wichtigsten Sinne dieses Wortes: Du wirst einen Jungen anziehen, der fähig ist, Interesse an anderen zu zeigen, und der bereit ist, dieses Interesse in dem einen Leben, das er hat, in dich zu investieren.

Meine Kleine, ich möchte dir von dem Mann erzählen, den du nicht interessiert halten musst, weil er bereits weiß, dass du interessant bist. Mir ist es egal, ob er die Ellenbogen beim Essen auf den Tisch legt – solange er dich ansieht, wenn du lächelst und sich deine Nase dabei kräuselt. Und er sich gar nicht daran sattsehen kann. Mir ist egal, wenn er keine Lust auf Golfspielen hat – solange er mit den Kindern spielt, die du ihm schenkst, und von all den wunderbaren und frustrierenden Eigenschaften schwärmt, die sie von dir haben.

Mir ist egal, wenn er nicht dem Ruf des Geldes folgt – solange er seinem Herzen folgt, das ihn immer zurück zu dir führen wird. Mir ist egal, ob er stark ist, solange er dir genug Raum gibt, damit du deine eigene Stärke ausüben kannst.

Mir ist egal, wem er seine Stimme gibt, solange er morgens beim Aufwachen stets dich wählt und in eurem Haus und in seinem Herzen einen Ehrenplatz für dich schafft.

Mir ist seine Hautfarbe egal, solange er die Leinwand eures Lebens mit Geduld, Aufopferung, Sensibilität und

Zärtlichkeit bemalt. Mir ist egal, ob er in dieser oder jener Religion oder in keiner Religion aufgewachsen ist, solange er zu schätzen gelernt hat, was heilig ist, und solange er weiß, dass jeder Moment im Leben und jeder Moment mit dir ein Geschenk ist.

Und schließlich, meine Kleine, falls du einen Mann wie diesen finden solltest und er und ich absolut nichts gemein haben, so haben wir doch das Wichtigste gemeinsam: Dich. Denn am Ende, meine Kleine, solltest du nur eines tun müssen, ›um für ihn interessant zu bleiben‹, nämlich du selbst sein.

Dein auf ewig an dir interessierter Verehrer,
Papa

# Schlusswort und Dank

Wenn ich Ihre Aufmerksamkeit halten und immer wieder von Neuem wecken konnte, ist jetzt ein guter Zeitpunkt, zum Schluss zu kommen. Vor vielen hundert Jahren schrieb jemand folgende Worte an eine antike Mauer: »Ein Buch ist das Abbild der Gedanken. So wie die Gedanken sind, so ist das Buch.« Ich habe versucht, Ihnen meine Gedanken näherzubringen. Dass meine Worte nicht so lange wie das Zitat überleben werden, ist mir bewusst. Aber wenn sie Ihnen einige Anregungen zum Nachdenken gegeben, wenn Übungen Sie erreicht und Metaphern Sie zum Schmunzeln gebracht haben – wenn all dies Sie Ihrer inneren Weisheit und eigenen Wahrheit nähergebracht hat, dann bin ich überaus und mehr als zufrieden.

Ich hoffe, Sie haben sich das Ihrige aus den Zeilen und den Übungen genommen, und wünsche Ihnen, dass Sie durch den ein oder anderen Hinweis zu einem erfüllteren, freudvolleren und glücklicheren Leben in Balance finden.

*Wie glücklich ich bin?*
*Das ist für uns die wichtigste Frage im Leben.*
*Für einen Indianer hängt der Erfolg nicht davon ab,*
*wie viel er verdient oder welche gesellschaftliche*
*Stellung er einnimmt, sondern einzig und allein davon,*
*wie glücklich er ist.*
Beryl Blue Spruce, Pueblo Indianer

# ANHANG

## Der Antreiber-Test

Beantworten Sie bitte diese Aussagen mithilfe der Bewertungsskala (1–5), so wie Sie sich im Moment selber sehen. Schreiben Sie sich den entsprechenden Zahlenwert auf.

Die Aussage trifft auf mich zu: voll und ganz = 5; gut = 4; etwas = 3; kaum = 2; gar nicht = 1

1. Wenn ich eine Arbeit mache, dann mache ich sie gründlich.
2. Ich fühle mich dafür verantwortlich, dass diejenigen, die mit mir zu tun haben, sich wohlfühlen.
3. Ich bin ständig auf Trab.
4. Anderen gegenüber zeige ich meine Schwächen nicht gerne.
5. Wenn ich raste, roste ich.
6. Häufig gebrauche ich den Satz: »Es ist schwierig, etwas genau zu sagen.«
7. Ich sage oft mehr, als eigentlich nötig wäre.
8. Ich habe Mühe, Leute zu akzeptieren, die nicht genau sind.
9. Es fällt mir schwer, Gefühle zu zeigen.
10. ›Nur nicht locker lassen‹, ist meine Devise.
11. Wenn ich meine Meinung äußere, begründe ich sie auch.
12. Wenn ich einen Wunsch habe, erfülle ich ihn mir schnell.

13. Ich liefere einen Bericht erst ab, wenn ich ihn mehrere Male überarbeitet habe.
14. Leute, die ›herumtrödeln‹, regen mich auf.
15. Es ist für mich wichtig, von den anderen akzeptiert zu werden.
16. Ich habe eher eine harte Schale, aber einen weichen Kern.
17. Ich versuche oft herauszufinden, was andere von mir erwarten, um mich danach zu richten.
18. Leute, die unbekümmert in den Tag hineinleben, kann ich nur schwer verstehen.
19. Bei Diskussionen unterbreche ich die anderen oft.
20. Ich löse meine Probleme selber.
21. Aufgaben erledige ich möglichst rasch.
22. Im Umgang mit anderen bin ich auf Distanz bedacht.
23. Ich sollte viele Aufgaben noch besser erledigen.
24. Ich kümmere mich persönlich auch um nebensächliche Dinge.
25. Erfolge fallen nicht vom Himmel, ich muss sie hart erarbeiten.
26. Für dumme Fehler habe ich wenig Verständnis.
27. Ich schätze es, wenn andere auf meine Fragen rasch und bündig antworten.
28. Es ist wichtig, von anderen zu erfahren, ob ich meine Sache gut gemacht habe.
29. Wenn ich eine Aufgabe einmal begonnen habe, führe ich sie auch zu Ende.
30. Ich stelle meine Wünsche und Bedürfnisse zugunsten derjenigen anderer Personen zurück.
31. Ich bin anderen gegenüber oft hart, um von ihnen nicht verletzt zu werden.

32. Ich trommle oft ungeduldig mit den Fingern auf den Tisch.
33. Beim Erklären von Sachverhalten verwende ich gerne die klare Aufzählung: »Erstens ..., zweitens ..., drittens ...«
34. Ich glaube, dass die meisten Dinge nicht so einfach sind, wie viele meinen.
35. Es ist mir unangenehm, andere Leute zu kritisieren.
36. Bei Diskussionen nicke ich häufig mit dem Kopf.
37. Ich strenge mich an, um meine Ziele zu erreichen.
38. Mein Gesichtsausdruck ist eher ernst.
39. Ich bin nervös.
40. So schnell kann mich nichts erschüttern.
41. Meine Probleme gehen die anderen nichts an.
42. Ich sage oft: »Macht mal vorwärts.«
43. Ich sage oft: »Genau, exakt, klar, logisch.«
44. Ich sage oft: »Das verstehe ich nicht.«
45. Ich sage eher: »Könnten Sie es nicht einmal versuchen?« als »Versuchen Sie es einmal.«
46. Ich bin diplomatisch.
47. Ich versuche, die an mich gestellten Erwartungen zu übertreffen.
48. Beim Telefonieren bearbeite ich nebenbei oft noch Akten.
49. ›Auf die Zähne beißen‹, heißt meine Devise.
50. Trotz enormer Anstrengung will mir vieles einfach nicht gelingen.

Zur Auswertung schreiben Sie jetzt bitte die Bewertungszahl für jede entsprechende Fragenummer unter der jeweiligen Nummer auf. Addieren Sie dann die Bewertungszahlen, der Antreiber mit dem höchsten Zahlenwert ist Ihr Hauptantreiber.

## Die Auflösung

**Sei perfekt!**
Fragen 1, 8, 11, 13, 23, 24, 33, 38, 43, 47 Total:
**Mach schnell!**
Fragen 3, 12, 14, 19, 21, 27, 32, 39, 42, 48 Total:
**Streng dich an!**
Fragen 5, 6, 10, 18, 25, 29, 34, 37, 44, 50 Total:
**Mach es allen recht!**
Fragen 2, 7, 15, 17, 28, 30, 35, 36, 45, 46 Total:
**Sei stark!**
Fragen 4, 9, 16, 20, 22, 26, 31, 40, 41, 49 Total:

Wenn bei einem Antreiber der Skalenwert 40 überstiegen wird, darf mit großer Wahrscheinlichkeit angenommen werden, dass dieser bei einem Gespräch schon binnen weniger Minuten im Verhalten beobachtet werden kann.

Antreiber sind oft gute Stützen im Leben. Einengend werden sie dann, wenn sie ohne situativen Bezug eingesetzt werden. Antreiber in diesem Sinne sind nicht der Wirklichkeit angepasst; sie werden befolgt, als würde eine Katastrophe hereinbrechen, falls man sie nicht berücksichtigt.

Eine Möglichkeit, die Antreiber zu nutzen, besteht darin, sie durch innere Erlauber zu ersetzen.

**Erlauber für: Sei immer perfekt**
Ich erlaube mir, auch einmal einen Misserfolg zu haben.
Ich kann auch mal fünfe gerade sein lassen.
Ich darf auch mal einen Durchhänger haben.
Es muss nicht immer alles so genau sein.

**Erlauber für: Mach immer schnell**
Ich erlaube mir, auch einmal fünf Minuten auszusetzen und einfach nur ›zu sein‹.
Ich darf mir auch mal Zeit lassen.
Morgen ist auch noch ein Tag.
Manchmal will gut Ding Weile haben.

**Erlauber für: Streng dich an**
Ich erlaube mir, etwas auch mal gelassen zu tun.
Leichtes Geld kann auch gutes Geld sein.
Ich darf auch mal faul sein.
Ich kann meine Arbeit auch locker und entspannt tun.
Ich muss nicht alles wichtig nehmen.

**Erlauber für: Mach es immer allen recht**
Ich sage auch einmal Nein, ohne ein schlechtes Gewissen zu haben.
Ich kann mir auch mal helfen lassen.
Ich muss nicht immer Rücksicht nehmen.
Ich bin genauso wichtig wie die anderen.

**Erlauber für: Sei immer stark**
Ich erlaube mir, auch einmal müde und hilfsbedürftig zu sein.
Meine Gefühle gehören zu mir und sind O. K.
Ich darf auch mal Schwäche zeigen.
Ich kann Verantwortung teilen und abgeben.
Ich muss nicht alles selber machen.

Das Ersetzen der Antreiber durch Erlauber ist schneller gesagt als getan. Als Hilfe können Ihnen die folgenden Fragen dienen:

- Was für einen Nutzen hat ein Antreiber für mich heute noch?
- Ist ein Antreiber für mich noch nötig?
- Wieweit verzerrt ein Antreiber meine Wahrnehmung von der gegenwärtigen Situation?
- Was würde geschehen, wenn ich einen Antreiber vollends über Bord werfe?
- Welche Vor- und Nachteile bringt eine bedingte Einhaltung des Antreibers und welches müssen die Bedingungen sein?

# Die Burn-In-Seminare auf Korfu

An der Nordostküste von Korfu, dieser wohl grünsten aller griechischen Inseln, können Sie eine Woche unvergesslichen Seminarurlaub verleben. Sie finden hier mediterranes Klima, stille Olivenhaine, schöne Badebuchten mit sauberen Stränden, klares Wasser, ehrliche Gastfreundschaft und viel Ruhe. Eine Umgebung, in der tiefgreifende Erfahrungen leicht und mühelos möglich werden. Das Hauptgebäude des Seminarzentrums *Ouranos* liegt auf einem Hügelzug, von dem aus man einen weiten Blick aufs Meer hat. Zum Strand gelangt man zu Fuß bequem in zehn Minuten.

Zwischen Mai und September finden jährlich die Ausbildungen zum Mental-Coach für Burn-Out-Prophylaxe und zum Seminarleiter und Trainer für Burn-In-Seminare statt, außerdem die vier Burn-In-Seminare: *In Stille erwachen, Das Leben umarmen, Im Einklang sein* und *Mit Feuer im Herzen*.

Jeder Tag beginnt um 8 Uhr mit einer einstündigen Morgen-Meditation im hellen, mitten im Olivenhain gelegenen Seminargebäude. Nach dem reichhaltigen Frühstück ist bis 13 Uhr Seminar, der Nachmittag kann nach eigenen Vorstellungen gestaltet werden. Um 18:30 Uhr findet sich die Gruppe zur ebenfalls einstündigen Abend-Meditation wieder im Seminarhaus ein. Danach steht ein mehrgängiges vegetarisches Büffet für die Teilnehmer bereit (wer auf Fisch oder Fleisch nicht verzichten mag, kommt mittags in einer der zahlreichen Tavernen am Strand auf seine Kosten).

Ab 21:00 Uhr geht es für ca. 1 1/2 Stunden mit den Seminarinhalten weiter. Am letzten Abend gibt es einen feierlichen Abschluss. An- und Abreisetag ist jeweils samstags, es sei denn, Sie kommen früher oder bleiben länger. Die Unterkunft (Apartment, Doppel- oder Einzelzimmer) im Seminarzentrum wird über den Reiseveranstalter TIT-Travel GmbH (www.tit-travel.de) gebucht, der Ihnen auf Wunsch auch die Anreise per Flugzeug oder Fähre vermittelt. Weitere Informationen und alle Seminartermine und die Ausbildungen finden Sie auf der Website.

## Burn-In-Seminar: Im Einklang sein

Das Verständnis für eine Lebensweise im Einklang wächst aus der Liebe zu sich selbst. Das heißt, sich zu vertrauen, sinnvolle Entscheidungen zu treffen, auf die innere Stimme zu hören und seinen Platz im Leben einzunehmen.

Wenn wir uns selbst anerkennen und annehmen, sind wir frei. Wir können mit der Suche im Außen aufhören und dort finden, wo wir nie gesucht haben. Wir erfahren, dass das Leben immer nur im HIER und JETZT ist. In diesem Seminar gehen wir auf die Reise zu unserer eigenen Wahrheit. In der Gruppe pflegen wir von Beginn an eine positive Atmosphäre. Wir betrachten einander gleichzeitig als Lehrer und Schüler und kommunizieren miteinander auf einer Ebene, wo sozialer Hintergrund, Bildung, Alter und Geschlecht unwichtig sind.

## Burn-In-Seminar: Mit Feuer im Herzen

»Sieh eine Welt in einem Körnchen Sand und einen Himmel in der wilden Blume, greif das Unendliche mit deiner Hand und fühle Ewigkeit in einer Stunde« – diese Zeilen des Dichters William Blake sind als Motto des Seminars zu verstehen.

In einfachen und bildhaften Übungen wird vermittelt, wie alles miteinander verbunden ist und zueinander in Beziehung steht, wie wichtig es ist, nicht nur unseren Augen, sondern auch allen anderen Sinnen zu vertrauen. Ziel ist es, uns weniger zu sorgen und uns stattdessen immer mehr dem Leben hinzugeben. *Mit Feuer im Herzen im Hain des Frieden*s ist ein Seminar, in dem es auch um den alltäglichen Umgang miteinander geht, um Vergebung, um Gut und Böse, um Mitgefühl und Güte, um Gerechtigkeit.

## Burn-In-Seminar: In Stille erwachen

Wenn im Mai auf der Trauminsel im Ionischen Meer die Natur zu neuem Leben erwacht ist, begeben wir uns auf eine Reise nach innen. Jeder in seinem Rhythmus und jeder in seinem eigenen Tempo, getragen von der Energie der Gruppe.

Im Austausch oder in der Stille erwecken wir unseren inneren Coach, der uns intuitiv durch ein erfülltes Leben begleitet. Wir lernen, in den Fluss des Seins zu vertrauen, das Leben als das zu nehmen, was es ist, und lösen uns dabei von Vorstellungen und Erwartungen. Wir erleben die Süße des Augenblicks und erfahren, was Zufriedenheit ist.

## Burn-In-Seminar: Das Leben umarmen

In dieser unvergleichlichen Umgebung mit freundlichen Gastgebern und stillen Olivenhainen, zauberhaften Stränden und köstlicher Verpflegung sollte es leichtfallen, das Leben als das zu nehmen, was es ist: unser größtes Geschenk.

In diesem Seminar geht es unter anderem darum, sich vollkommen bewusst zu werden, wie kostbar das ist. Erst wenn wir dieses Geschenk in seiner Gänze annehmen, können wir erahnen, welche Möglichkeiten wir haben und was es bedeutet, Meister seines Lebens zu sein. Getragen von der Energie der Gruppe, in der jeder seine Einmaligkeit zeigen darf, finden Sie zu Ihrer eigenen inneren Balance.

*Unsere größte Angst ist nicht, unzulänglich zu sein.*
*Unsere größte Angst besteht darin, grenzenlos mächtig zu sein. Unser Licht, nicht unsere Dunkelheit ängstigt uns am meisten.*
*Es dient der Welt nicht, wenn du dich klein machst.*
*Dich klein zu machen, nur damit sich andere nicht unsicher fühlen, hat nichts Erleuchtetes.*
*Wir wurden geboren, um die Herrlichkeit Gottes, der in uns ist, zu manifestieren. Er ist nicht nur in einigen von uns, er ist in jedem Einzelnen.*
*Und wenn wir unser Licht scheinen lassen, geben wir unbewusst anderen die Erlaubnis, das auch zu tun.*
*Wenn wir von unserer eigenen Angst befreit sind, befreit unsere Gegenwart automatisch die anderen.*

aus dem Film *Coach Carter*

# Über den Autor

Dr. phil. Klaus Biedermann, Jahrgang 1950, arbeitete nach Studium und umfangreicher Ausbildung als Psychotherapeut in einer Suchtklinik. Später war er sechs Jahre lang Cheftherapeut am Münchner Institut für Hypnoseforschung, ehe er sich 1986 selbstständig machte und als Dozent Seminare in Deutschland, der Schweiz, Österreich, Belgien und Spanien leitete.

1989 gründete er die *Coaching Akademie ascoach*, die ihren Sitz in Köln hat. Dort bildet er Führungskräfte, Trainer und Personalverantwortliche zum Systemischen Coach sowie Mental-Coach für Burn-Out-Prophylaxe aus, ebenso seit 2000 als Dozent an der Akademie Deutscher Genossenschaften auf Schloss Montabaur. Viermal im Jahr leitet er Burn-In-Seminare an seiner Sommerakademie auf Korfu, wo auch die Ausbildung zum Seminarleiter für Burn-In-Seminare stattfindet. Deutschlandweit bietet er Familien- und Organisationsaufstellungen an. Seit 2005 coacht er bei der TV- Casting-Show *Deutschland sucht den Superstar* die Teilnehmer auf dem Weg zur Bühnenreife.

Dr. phil. Klaus Biedermann ist Mitglied im Berufsverband *Deutsche Gesellschaft für Systemaufstellungen*, Mitbegründer der *Deutschen Gesellschaft für Mentales Training* und Vorstandsvorsitzender des Berufsverbandes *International Association of Systemic Coaching* (IASC).

Weitere Informationen zum Autor finden Sie unter:
www.ascoach.de

*Meditations-CD zum Buch:*
**Burn-In statt Burn-Out**
Reisen nach innen
Klaus D. Biedermann

2CDs, 76 min.
*ISBN: 978-3-937883-80-9*

Einfach abschalten und entspannen – dazu sind Fantasiereisen ideal. Doch sie können noch mehr als nur für schnelle Entspannung sorgen: Sie bieten wertvolle Möglichkeiten, gezielt Probleme wie Prüfungsangst, chronische Erschöpfung oder Burn-Out zu bearbeiten und ungenutzte innere Kraftreserven zu mobilisieren.

Die Reisen nach innen aktivieren Gefühle von Zuversicht, Optimismus und Selbstvertrauen. Sie geben Gelegenheit, Gedanken und Gefühle in positive Bahnen zu lenken und so seine Selbstheilungskräfte zu mobilisieren, um einen Zustand von seelischer und körperlicher Ausgeglichenheit zu erreichen.

*Meditations-CD*
**Reisen in Trance**
Kybernetisches Mentaltraining
Klaus D. Biedermann

1CD, 37 min.
*ISBN: 978-3-937883-10-6*

Waren Sie es bisher vielleicht gewohnt, in der Entspannung einer Stimme zuzuhören, so werden Sie beim kybernetischen Mentaltraning, wie auf dieser CD, mindestens zwei Stimmen hören, von denen jede für sich etwas anderes sagt und die sich dennoch ergänzen.

Die Stimme, die Sie links hören, spricht zu Ihrer rechten Gehirnhälfte, die Stimme von rechts zu Ihrer linken Gehirnhälfte. Mit dem kybernetischen Mentaltraining wird Ihr Gehirn mehr gefordert und daraus kann eine Integration beider Gehirnhälften entstehen

**Die Kunst des Seins**
Coaching für ErwachsenDe
Klaus D. Biedermann

288 Seiten, Softcover
*ISBN:978-3-937883-09-0*

Ein umfassendes Arbeitsbuch für Ihren ganz persönlichen Weg der Erleuchtung!

Leicht verständlich erklärt der Autor, wie die geistigen Gesetze, die in Ihrem Leben wirken, aussehen und wie Sie Ihr Leben durch Anwendung der universellen Wahrheiten selbst in die Hand nehmen können.

**Tarot als innerer Spiegel**
Lebenshilfe aus dem Unbewussten
Klaus D. Biedermann

300 Seiten, Softcover
*ISBN:978-3-937883-12-0*

Außergewöhnlich intuitive, fundierte Deutungen der einzelnen Tarotkarten und spannende, ungewöhnliche Legebeispiele machen dieses Buch zu einem wertvollen Tarot-Ratgeber und bieten Ihnen hervorragend anwendbare Lebenshilfe.

Die Welt hatte sich verändert. Nach Regierungsumstürzen in fast allen Teilen der Welt, dem Zusammenbruch der Börsen und des Bankensystems, verheerenden Kriegen sowie geologischen Katastrophen war nichts mehr wie zuvor. Das kosmische Gleichgewicht war in einer gefährlichen Art und Weise aus den Fugen geraten.

Dies hatte den Rat der Welten veranlasst einzugreifen. Er ordnete eine endgültige Teilung der Menschheit an. Von den Überlebenden konnte jeder entscheiden, in welchem Teil der Erde und nach welchen Prinzipien er und seine Nachkommen leben wollten. Ab diesem Moment wurde jedoch jegliche Einmischung oder Kontaktaufnahme mit dem jeweils anderen Teil strengstens untersagt.

Im Jahr 2870 hatte BOSST, eines der größten Unternehmen der Neuen Welt, einen geheimen Auftrag zu vergeben. Man wusste von Bauplänen einer Maschine zur Energiegewinnung aus dem Äther. Allerdings befanden sich die Pläne dieser Erfindung in der Alten Welt.

In der spannenden Roman-Trilogie geht es darum, ob und wie die junge Wissenschaftlerin Nikita Ferrer, die den Auftrag zur Beschaffung der Pläne erhalten hat, diese Pläne entwenden kann und ob in dem weitläufigen Höhlensystem von Tench'alin nicht noch ein ganz anderer – viel größerer – Schatz verborgen liegt.

**Steine brennen nicht** – Teil I
480 Seiten | ISBN: 978-3-937883-08-3
**Die Siegel von Tench'alin** – Teil II
414 Seiten | ISBN: 978-3-937883-08-3
**Das Erbe von Tench'alin** – Teil III
472 Seiten | ISBN: 978-3-937883-08-3